L'EMPEREUR S'AMUSE

LES PASSE-TEMPS SECRETS

DE

NAPOLÉON III

L'EMPEREUR S'AMUSE

LES

PASSE-TEMPS SECRETS

DE NAPOLÉON III

PAR

VICTOR VENDEX

> Voici pour toi, voici des filles,
> Petit, Petit.
> VICTOR HUGO.

LONDRES, BRUXELLES
LIBRAIRIES INTERNATIONALES
Seul Dépositaire en France:
CH. BRUN, LIBRAIRE-ÉDITEUR, A TOULOUSE
Rue Lafayette, 14

1871

AVERTISSEMENT

DE L'ÉDITEUR.

On raconte que certains peuples de l'antiquité avaient adopté l'usage de traduire devant le tribunal de l'opinion publique les faits et gestes de leurs rois défunts, afin de leur faire subir un jugement relatif à leurs vertus ou à leurs vices. C'est devant ce tribunal de l'opinion publique que le livre qu'on va lire appelle l'ex-empereur Napoléon III.

Le fin diplomate Talleyrand a déclaré quelque part qu'il n'y a pas de grand homme pour son valet de chambre.

Ce sont les Mémoires écrits par les valets de chambre disgraciés qui ont révélé les actes secrets livrés aujourd'hui à l'appréciation du public.

Au reste, dans notre siècle curieux et frondeur, il est difficile à un homme même tout puissant de conserver toujours le masque : l'hypocrisie est à la fin dévoilée, soit par les intimes agents qui la favorisent, soit par les productions littéraires de l'hypocrite, soit enfin par les révélations des victimes intéressées à la démasquer publiquement.

Ces divers documents ont guidé l'auteur dans ses recherches et l'ont aidé à débrouiller la trame ourdie par l'homme du Deux-Décembre, qui a régné vingt ans sur la France pour son éternel et peut-être irréparable malheur.

Ce livre ne s'occupera que très-indirectement de la vie politique de cet homme ; son but est de faire connaître aux honnêtes gens les actes répréhensibles de la vie privée qui donnent la mesure de la moralité personnelle. L'auteur s'est efforcé d'adoucir la crudité des tableaux, qui ne sont point, hélas ! imaginaires ; il l'a fait toutefois en évitant d'en trop décolorer les réelles dispositions. La palette qui a fourni ces couleurs appartient à d'anciens chambellans, à des ambassadeurs, à des courtisanes délaissées, à des complices mécontents, et surtout aux *documents secrets trouvés aux Tuileries* après le 4 septembre. L'auteur a rencontré dans leurs écrits épars une mine abondante : il a dû s'arrêter quelquefois devant des noms encore honorables.

Le public va être juge ; qu'il lise jusqu'au bout.

TABLE DES MATIÈRES.

Livre I. — L'Exil.

	Pages.
Chap. I. Les premiers ébats.	5
Chap. II. Bonaparte devient fleuriste.	10
Chap. III. Bonaparte en s'amusant prépare Strasbourg.	15
Chap. IV. Bonaparte à New-York.	21
Chap. V. Mis Howard et Fritz-Roi préparent l'expédition de Ham	30

Livre II. — L'Elysée et Saint-Cloud.

Chap. I. Ménage présidentiel.	45
Chap. II. Où il est montré que le rapt conduit au meurtre.	64
Chap. III. Le festin des dieux.	69
Chap. IV. Les besogneux du coup d'Etat.	78

Livre III. — L'Empire.

Chap. I. La curée aux Tuileries avant la comédie matrimoniale.	104
Chap. II. Un échec diplomatique dans la recherche d'une Princesse.	113
Chap. III. L'orgie et les chasses de Compiègne.	118

Livre IV. — La comtesse de Montijo.

	Pages.
Chap. I. La belle épicière de Malaga.............	129
Chap. II. Un premier amour suivi de suicide........	137
Chap. III. Les déceptions d'un premier amour poussent Mlle Eugénie vers les rivages de Cythère...	144
Chap. IV. Les hymens clandestins et l'horoscope......	150
Chap. V. Mlle Eugénie prouve à Louis Bonaparte qu'il vaut mieux tenir qu'espérer............	158

Livre V. — Le Mariage.

Chap. I. Tout n'est pas couleur de rose avant la lune de miel.....................	171
Chap. II. La lune de miel.................	183
Chap. III. La guerre dans le ménage impérial........	194
Chap. IV. Une crainte de divorce.............	205

Livre VI. — Un héritier.

Chap. I. La naissance...................	211
Chap. II. Encore les actrices. — Le bal masqué de l'Opéra et le bal costumé des Tuileries.........	218
Chap. III. Une terrible échéance. — Le R. P. Roothaan..	224
Chap. IV. Marguerite Bellanger à Vichy et le président Devienne.....................	230
Chap. V. Les étonnements de M. Benoît (roman impérial).	243

Livre VII. — Le châtiment.

Chapitre unique. — Sedan !..................	251

LES

PASSE-TEMPS SECRETS

DE NAPOLÉON III

LIVRE PREMIER

L'EXIL

CHAPITRE PREMIER

LES PREMIERS ÉBATS

Le 20 avril 1808, la reine Hortense de Beauharnais, femme du roi de Hollande, frère aîné de l'empereur Napoléon I*er*, mettait au monde, dans le splendide palais des Tuileries, un enfant chétif qu'on inscrivait sur les registres de la Cour impériale sous le nom de Charles-Louis-Napoléon Bonaparte.

L'enfant ne naquit pas sous les regards du père. De vifs débats avaient occasionné, en Hollande, de graves dissentiments entre les deux époux. La querelle menaçant de devenir tragique, la Reine enceinte avait quitté

Amsterdam et s'était rendue à Paris, auprès de sa mère Joséphine, pour y faire ses couches.

Les mésalliances domestiques sont communes dans toutes les classes ; mais lorsqu'elles affligent celles qu'on est convenu d'appeler le *grand monde*, elles ont pour correctif le besoin mutuel de demeurer d'accord sur le terrain des intérêts communs.

Si on ne s'aime pas, on se tolère, on s'avance appuyé l'un sur l'autre : se quitter, ce serait rompre un pacte de famille dont la fortune et l'argent sont l'objet.

Madame Hortense de Beauharnais, reine de Hollande, en était depuis longtemps réduite à cet expédient ; elle ne se gênait pas pourtant. Ses titres aux licences matrimoniales étaient incontestés et incontestables. Aussi le Roi son mari n'acceptait pas sans bénéfice d'inventaire tous les héritiers qui survenaient à sa femme ; il s'était déjà déclaré publiquement tout-à-fait étranger à celui que la Reine portait dans son sein.

Cette belle Reine n'était point une place imprenable. L'ennemi assez audacieux pour faire les sommations avant le siége, était sûr de trouver portes ouvertes, pourvu qu'il fût bel homme et bien armé.

L'amiral Verhuell avait eu cette audace. La place n'avait pas résisté, et il en était résulté un principicule, CHARLES-LOUIS-NAPOLÉON BONAPARTE.

Toutefois, les prescriptions du Code civil, d'accord en cela avec celles du droit romain, donnent à l'enfant pour père le mari. C'est pourquoi Sa Majesté hollandaise dut accepter comme sien, non sans se plaindre, le fruit inespéré de sa trop féconde moitié.

Le rejeton adultérin se greffa donc sur la branche napoléonienne et puisa la vie dans l'efflorescence de sa sève.

Il n'entre point dans notre cadre d'étudier même rapidement la suite des événements qui se sont accomplis depuis la naissance de cet enfant royal.

Les revers qui suivent presque toujours les plus prodigieux succès, assaillirent cette famille. C'était le châtiment de tous ses forfaits.

La race princière n'admet pas pour ses actes la justice de la Providence ; elle se regarde comme une caste extra-humaine, un groupe d'une nature *sui generis,* où l'on peut entrer de mille manières, même par l'intrusion violente.

Une fois qu'on a le bonheur d'en faire partie, on n'est ni pour soi ni pour ses pareils pétri du même limon que nous tous.

Non, un Prince, fût-il même un héros, est toujours un homme. C'est un homme d'une espèce bizarre, qui serait d'une puissance effrayante, si la philosophie, qui a su déterminer tous les règnes de la nature, n'était pas capable de constater également les causes d'où s'engendrent les êtres anormaux.

Les caractères typiques dans les Princes résultent avant tout du milieu artificiel dans lequel ils se meuvent et s'entretiennent par l'éducation.

Nous ne parlerons pas de l'enfance de Louis Bonaparte. Nous allons le prendre à l'âge de 12 ans ; c'est l'époque de la vie où l'intelligence humaine, suffisamment développée, rend l'adolescence responsable de ses actes devant les lois de la morale, qui sont le fondement de la société.

En 1820, une famille princière composée d'une dame et de deux enfants, suivie d'un nombreux cortège de domestiques, arrivait avec grand fracas à Augsbourg.

Des émissaires envoyés d'avance avaient loué dans la rue Sainte-Croix une maison d'assez belle apparence qui s'appelait le palais de Pappeinhem; ce palais devait abriter pour quelque temps une célèbre proscrite qui voilait sa personnalité sous le pseudonyme de duchesse de Saint-Leu.

Cette aventureuse duchesse n'était autre que l'ex-reine de Hollande, Hortense de Beauharnais. Elle n'était plus jeune; ses débordements passés avaient hâté les ravages des ans. Aussi avait-elle dit adieu par impuissance aux plaisirs de ce monde, et pour dernière fiche de consolation elle s'était lancée dans les pratiques dévotieuses, dernier refuge des coquettes à l'âge mûr. Deux enfants étaient avec elle, et c'est pour pourvoir aux devoirs de leur instruction qu'elle se rendait sur cette terre d'Allemagne, pensant trouver au collège Sainte-Anne, à Augsbourg, toutes les ressources scientifiques qu'il ne lui était pas facile de demander ailleurs.

Le gouvernement de Louis XVIII ne s'était pas montré trop récalcitrant pour le règlement des intérêts de la duchesse. Plus d'un million lui avait été accordé; l'exil n'était donc pas la misère pour les siens.

Louis Napoléon avait un frère aîné qui semblait absorber la plus grande part dans les faveurs maternelles (1). Pourquoi cette préférence? Les mauvaises langues allaient jusqu'à dire que Napoléon le Grand n'était pas étranger à sa naissance... mais que nous importe! C'était affaire de tempérament; Hortense de Beauharnais n'avait pas été difficile; l'homme était si grand et si impérieux !

Les deux frères furent reçus au collége Sainte-Anne, où les mauvais instincts du plus jeune ne tardèrent pas à faire explosion. Ses camarades, en présence de ce caractère dur et taciturne, repoussés d'ailleurs par ses habitudes dépravées, l'eurent bientôt pris en aversion, et, malgré leurs travers portés à la malice, ils l'avaient prôné partout comme un sujet dangereux; c'est dire qu'il comptait peu d'amis au collége.

Parmi les adolescents de son âge, il en était deux qui, partageant ses mauvaises inclinations, avaient, pour ainsi dire, involontairement subi les influences de sa fascination. C'étaient les aides de ses exécutions, de ses méchancetés et de ses sottises. Ils s'appelaient, l'un Laurent Schwesinger, fils d'un architecte de Bemberg, et l'autre Louis Guilhaume, fils d'un fabricant de Lindau.

Même dans l'exil, primé par les droits du frère aîné, Louis Napoléon s'élevait dans une atmosphère morale où sa foi se fomentait dans une destinée particulière. Des prédictions de prophétesses, dont il recherchait déjà les arcanes fatidiques, laissaient entrevoir dans son esprit un avenir des plus prodigieux.

---

(1) Ce frère aîné de Louis Bonaparte a été empoisonné à Forli, en 1831.

Tout jeune, il avait été guidé par un vieillard débonnaire et simple, dont les séniles efforts n'avaient pu modérer cette nature rebelle.

A Augsbourg, on apercevait près de lui un directeur plus énergique et plus ferme, un homme de race républicaine dévié, qui, précepteur par nécessité, demeura toujours au fond de l'âme réfractaire, et dirigea bien à contre-cœur une éducation dont il pressentait avec chagrin la tendance désastreuse.

Philippe Lebas était fils de ce jeune conventionnel qui préféra la mort volontaire à l'échafaud thermidorien ; il était marin à 18 ans, passa plus tard dans l'armée de terre où il devint sous-officier dans la garde impériale, fit les campagnes de 1813 et 1814, et fut appelé sous la Restauration par la duchesse de Saint-Leu pour surveiller l'éducation de ses deux fils.

Ce précepteur du jeune prince ne pouvait, malgré sa sévérité, gourmander les tristes révoltes de son élève. Celui-ci se montrait insensible à toute réprimande et laissait déjà pressentir dans son cœur une grande dose de cruauté. Qu'on en juge par le fait qui suit.

Un jour, le jeune Louis, ayant échappé à la surveillance de son maître, avait délaissé les bancs de l'école, sur lesquels il s'ennuyait passablement, pour aller, en compagnie de ses deux acolytes, faire l'école buissonnière.

La journée était belle, la campagne splendide. Nos trois héros, après avoir parcouru les champs, vinrent se délasser et se rafraîchir, rue Maximilien, à la taverne des Trois-Maures. Il y avait non loin de là une boutique de forgeron, où travaillait un honnête artisan.

Au moment où les trois échappés du collége passaient devant cette boutique, l'ouvrier se reposait en fumant sa pipe de terre, sur le seuil de la porte, à regarder les passants.

— Bonjour, maître Pierre, vous ne travaillez donc pas aujourd'hui?

— Pas pour le moment, messeigneurs; mais je vais me remettre à l'ouvrage.

On entre dans l'échoppe. En causant avec les visiteurs, la pipe du forgeron s'était éteinte; il l'avait rallumée avec le bout d'une petite tringle incandescente qu'il tenait constamment rougie dans sa forge. Aussitôt une mauvaise impulsion s'empare du cœur de l'Altesse impériale : l'écouter et l'exécuter fut l'affaire d'un instant.

Pendant que ses camarades occupent l'artisan sans défiance, il retire la tringle du feu, et la replonge adroitement par le bout froid dans la forge.

L'on sait que le fer perd rapidement sa lueur incandescente en conservant longtemps la chaleur.

Le forgeron, qui causait toujours, revient rallumer sa pipe; il saisit sans défiance la barre de fer, et pousse un cri de douleur. Nos trois polissons se sauvent, riant de sa mésaventure. Le pauvre ouvrier s'était gravement brûlé la main; il ne put travailler pendant plusieurs jours, et pourtant son travail était son unique gagne-pain.

Tels étaient les premiers passe-temps du bon Prince : il s'amusait de la souffrance d'un malheureux. Sondons encore les replis de ce cœur : la mine est abondante; nous ne l'épuiserons jamais.

Depuis longtemps déjà, le futur Empereur s'était laissé entraîner par les passions crapuleuses, et loin de résister à leurs pernicieuses inspirations, il recherchait avidement l'occasion de les satisfaire.

La première qui se présenta mérite d'être racontée. Le résultat est loin d'être à son honneur.

Parmi les domestiques qui avaient accompagné la reine Hortense à Augsbourg se trouvait une jeune camérière fort jolie, dont la désinvolture agaçante avait attiré les attentions de notre Altesse de douze ans. Bettina, c'était son nom, profondément attachée à ses devoirs, avait acquis l'affection de sa maîtresse qu'elle ne quittait presque jamais, même la nuit. Elle couchait dans une chambrette communiquant à la chambre à coucher de la reine détrônée, et voisine de celle occupée par son fils. La jeune fille, confiante comme on l'est à cet âge, ne verrouillait jamais les deux portes de communication : cette imprudence faillit lui coûter cher.

Une nuit que le jeune Prince, travaillé par ses insomnies amoureuses, s'adonnait à ses habitudes perverses :
— Mais tu es bien sot, se dit-il, tu as là tout près de toi une jeune fille, pourquoi ne pas en user ? Elle est du peuple, il est vrai, mais qu'importe pour ce que j'en veux faire ; elle vaut autant qu'une patricienne, et peut-être mieux.

Sur cette admirable conclusion, notre Adonis enamouraché abandonne sa couche solitaire, ouvre doucement, doucement, la porte de la chambrette, éclairée par la lueur vacillante d'une veilleuse, et s'avance à pas de loup jusqu'au lit de l'imprévoyante Bettina. Le hasard le servait à souhait ; on était en plein été : une douce chaleur avait obligé la soubrette à rejeter à terre toute couverture importune ; elle était sans voiles, dormant d'un profond sommeil et étalant aux regards du jeune libertin tous les trésors naissants de sa jeunesse. A cette vue, l'ardeur brûlante qui le dévore, l'anime d'un nouveau courage, il bondit comme un tigre sur cette proie qu'il convoite, la presse de ses embrassements, et collant ses lèvres sur sa bouche, il dévore de baisers brûlants la victime qu'il va déshonorer. A cette attaque inattendue, Bettina pousse un cri qui s'étouffe sous les étreintes du lovelace.

— C'est moi, Bettina, lui dit-il, ne crains rien. Il y a déjà longtemps que je t'aime et tu ne l'as pas compris ! Oh ! laisse-moi donc contempler tes charmes, laisse-moi mourir sur ton cœur ; et joignant l'action aux paroles, il souille de ses attouchements lubriques ce corps sans défense qu'il s'apprête à déflorer. Mais la chaste enfant, dont le cœur est encore pur de tout contact immonde, résiste de toutes ses forces. C'en est fait, le crime va se consommer, lorsqu'un bruit est entendu dans la chambre à coucher de la Reine. — Qu'est-ce que c'est ? s'écrie le timide aventurier. — Prince, laissez-moi, sauvez-vous, c'est madame la Duchesse, votre mère, qui vient à mon secours.

Cette présence d'esprit la sauva : le jeune débauché qui ne s'était jamais fait remarquer par son courage dans le danger, se retira au plus vite dans sa chambre. Bettina verrouilla sa porte, précaution qu'elle n'oublia jamais après cette aventure.

Le lendemain elle racontait à ses amies cette dangereuse échauffourée qui présageait celle de Strasbourg.

CHAPITRE II

BONAPARTE DEVIENT FLEURISTE.

Les études du précoce adolescent étaient enfin terminées. Sa mère, dont le but en se fixant en Allemagne avait été de les lui rendre plus faciles et plus complètes, pensait, voyant ce but atteint, à s'établir dans une des belles contrées d'Italie. Elle choisit Florence, de préférence à tout autre, en attendant que les événements heureux dont rien alors ne signalait la future réalisation, vinssent changer ses aspirations et apporter dans son intérieur un bien-être que sa gêne et la pénurie de sa bourse commençaient à rendre prochainement hypothétique.

Louis Bonaparte avait 20 ans ; il était petit, morose, plein d'ambition et de vices. Rien dans ce cœur déjà blasé ; pas une de ces manifestations séduisantes qui épanouissent le visage d'un jeune homme de cet âge. Le délicieux climat de Florence, les suaves parfums de ce ciel pur, les agaceries des brunes Italiennes n'eurent pas grand mérite à surexciter les ardeurs du futur maître de la France. Les aventures les plus scandaleuses et les plus dégoûtantes le rendirent bientôt l'objet des commérages de quartier. Celle que nous allons raconter défraya pendant quelques jours la chronique locale de la bonne cité, et fut cause, heureusement pour elle, du départ par trop précipité de notre héros.

Parmi les belles patriciennes que Louis Bonaparte poursuivait de ses constantes assiduités, il en était une qui avait plus particulièrement touché la fibre galante de son cœur. Il faut dire que le choix était merveilleux ; car il était impossible de rencontrer sur terre une créature plus accomplie que la comtesse Spinosa. C'était une femme de 22 ans, grande, svelte, admirablement conformée, offrant dans toutes ses lignes la pureté de la statuaire antique, et possédant une tête adorable dont la bouche pleine de grâce laissait échapper un sourire enchanteur. Tous ces trésors avaient entièrement subjugué notre princier prétendant. Hélas ! il l'avait suivie longtemps ; longtemps il avait soupiré, il avait exposé son délire, mais en vain. La belle Italienne n'avait eu que du mépris et pour ses poursuites et pour ses soupirs ! Que faire donc ? Un coup d'Etat. — Le coup d'Etat fut résolu ; seulement dans celui-ci, l'homme du Deux-Décembre n'avait imaginé que de ridicules mesures.

Il fallait ruser la comtesse ; car pour ce qui est de la violence, il n'était pas possible d'y songer. Elle ne quittait jamais seule son hôtel où elle résidait avec son mari et que gardait d'ailleurs un nombreux personnel de domestiques.

Notre roué savait tout cela ; il avait même fait essayer auprès de la camérière une série de manœuvres capables de lui faciliter l'accès du domicile. — Inutile d'aller plus loin. — Restait la ruse, et c'est à ce dernier parti que notre amoureux s'arrêta.

Un matin, vers les dix heures, une bouquetière drôlement enrubanée, portant robe neuve et chapeau pimpant, vint sonner hardiment à la porte de la comtesse Spinosa.

— Je viens apporter ces fleurs à Madame la Comtesse, dit-elle à la camérière, qui était accourue pour répondre.

Je suis la fleuriste de Madame; elle m'a commandé hier ces deux bouquets de violettes de Parme, je désirerais les lui remettre moi-même, si c'est possible.

La domestique ne soupçonnant pas, sous cette voix de fosset féminin, le stratagème inventé, introduisit la bouquetière auprès de la comtesse de Spinosa.

Celle-ci achevait sa toilette du matin, elle était négligemment assise devant une psyché, pour régulariser les boucles de sa chevelure qui retombaient sur ses épaules demi-nues; ses bras d'albâtre manœuvraient gracieusement des tresses ondoyantes en laissant gonfler toutes les richesses de sa poitrine.

Qu'est-ce, dit-elle en se retournant, et elle vit alors devant elle une horrible fille, écarquillant des yeux cyniques avec un nez gros et recourbé comme un bec d'aigle, espèce de polichinelle en costume impossible.

— Que veux-tu, petite, s'écria-t-elle?

Louis Bonaparte, car c'était lui que cachait ce grotesque déguisement, tout entier à la passion qui l'emporte en présence de l'objet de sa flamme, ne se possède plus; il tombe à genoux et s'écrie avec enthousiasme:

— Belle Comtesse, pardonnez-moi ma tentative, c'est l'amour qui me l'a inspirée. Du jour que je vous ai connue, la vie m'est devenue à charge. Donnez-moi votre cœur, sans lui il ne me reste plus qu'à mourir; et joignant le geste à la parole, notre sot aventurier retire de sa robe un petit poignard à lame étincelante.

— Voilà le fer qui va m'anéantir à vos pieds, si vous me repoussez ; je vous léguerai comme éternels remords le souvenir du sang qui va couler devant vous.

On s'imaginera sans peine les impressions diverses qui assaillirent en cette conjoncture l'esprit de la comtesse de Spinosa. Fallait-il s'effrayer ou rire devant cette scène improvisée qui menaçait de tourner au tragique? Toutefois, comme elle était pour elle tout-à-fait imprévue, Madame céda au sentiment de la peur et se précipita sur le cordon d'une sonnette pour appeler ses gens.

On accourt; le mari, les domestiques se présentent et voient une sale fille, au milieu de fleurs éparses dans la chambre, un poignard dans les mains.

— Que signifie cet étrange spectacle? dit le Comte.

La Comtesse s'approcha de son mari : — Monsieur, qui est là devant vous, est le fils de la reine Hortense, qui depuis plusieurs jours me poursuit de ses brûlantes importunités. Il a trouvé ce déguisement de fleuriste pour avoir l'occasion de m'approcher et de me déclarer son amour. Il est à votre discrétion, Monsieur; débarrassez-moi de sa burlesque présence.

Elle parlait encore que le mari avait saisi une canne à portée de sa main. Les coups tombaient dru comme la grêle sur les épaules du malheureux soupirant. C'en était trop : poignard, fleurs, corbeille et bouquets sont abandonnés sur le tapis. Notre héros détale sans tambour ni trompette, cherchant une issue qui lui fut ouverte par les valets avec grand renfort d'horions. Enfin il est dans la rue ; les passants se groupent à la vue du désordre de sa toilette. On apprit bientôt l'aventure, et le persifflage et les huées lui firent une escorte compacte jusqu'à son domicile.

Le lendemain, les journaux de la ville de Florence apprenaient à leurs nombreux lecteurs, en se servant de trois étoiles, la tentative du futur Empereur des Français, et, il faut le reconnaître, on n'avait pas trop mal ridiculisé le cynisme du séducteur en faisant gorge chaude de la correction infligée par le mari.

Le comte de Spinosa recevait, le lendemain, deux émissaires qui lui remettaient une lettre ainsi conçue :

« Monsieur le Comte,

» Une grave injure m'a été faite chez vous. J'étais
» armé et je n'ai point usé de mes armes, parce que
» j'étais votre hôte. J'attends de vous une répara-
» tion ; mes deux témoins, porteurs de ce cartel,
» règleront avec les vôtres les conditions du combat à
» mort que je réclame.
    » LOUIS NAPOLÉON. »

Le signataire de cette provocation nourrissait une espérance. Les Italiens et surtout les comtes sont fanfarons, se disait-il ; en leur montrant du courage et le mépris de la mort, on est sûr de les effrayer. Provoquons au combat à outrance ce sot qui m'a si bien rossé ; il refusera certainement, et le public en apprenant sa reculade reconnaîtra mon courage, et par là se rétabliront et mon honneur et ma réputation.

Cet honnête raisonnement était basé sur une hypothèse qui malheureusement pour lui ne se réalisa pas. Le Comte outragé accepta et le duel et le rendez-vous.

A l'heure convenue, il attendait son adversaire. Un écrit signé par la reine Hortense fut présenté à sa place ; cet écrit disait :

« Monsieur le Comte, mon fils est un fou et un enfant. Un malheur pourrait survenir. Je serais inconsolable des suites qu'il ne manquerait pas d'occasionner. J'entraîne donc mon fils loin de Florence, vous demandant d'oublier tout ce qui s'est passé.

» Hortense, duchesse de St-Leu. »

CHAPITRE III

BONAPARTE EN S'AMUSANT PRÉPARE STRASBOURG.

Le prince Charles-Louis Napoléon Bonaparte n'ayant pas trouvé chez le Comte la félonie sur laquelle il avait compté pour se réhabiliter dans l'esprit des citoyens de Florence, avait quitté cette ville au plus vite, afin de mettre sa vie et sa lâcheté à l'abri de toute influence fâcheuse. Le souvenir des coups de canne reçus survécut à celui de la belle Comtesse. Son talent, d'ailleurs très-accommodant sous ce dernier rapport, lui faisait bien espérer un dédommagement avec une beauté moins farouche, qu'il lui était si facile de rencontrer certainement sur cette féconde terre d'Italie.

Ses espérances ne furent point trompées ; il avait bientôt fait une rencontre qui devait puissamment influer sur ses projets aussi lascifs qu'ambitieux.

Une artiste lyrique jouissant en Italie d'une renommée justement acquise, captivait les nombreux *dilettanti* sous le charme de sa voix et de sa beauté.

On accourait de toutes parts entendre la belle cantatrice que l'on couvrait d'applaudissements et de fleurs. Louis Napoléon, entraîné par l'enthousiasme universel, s'était mêlé aux spectateurs.

Elle s'appelait Eléonore Brault, veuve du sieur Gourdon. La supériorité de cette femme avait si fort attiré son attention que le lendemain il s'empressait de lui adresser le petit poulet qu'on va lire :

« Madame, vous jouez Lucrèce à ravir. Voudriez-
» vous recevoir Tarquin sans poignard ?
» Louis Napoléon. »

La réponse ne se fit pas attendre. Madame Gourdon acceptait le rendez-vous du Prince.

Madame Gourdon était admirablement douée sous le double rapport du talent et du cœur. Le nom d'un homme qui s'appelait Napoléon était sûr de laisser en elle une impression durable ; car elle professait pour le grand homme une admiration qui allait parfois jusqu'à l'enthousiasme. Bonne, confiante et généreuse, elle admit dans son intimité celui qu'elle acceptait comme héritier du grand homme ; elle lui sacrifia tout, son honneur, ses talents et sa fortune.

Le rusé Prétendant exploita habilement ces heureuses dispositions, promettant à cette femme qui lui avait donné son cœur et sa bourse, la gloire, la fortune et peut-être une place sur le plus beau trône de l'univers.

Regarde, lui disait-il dans les intimes épanchements de l'amour, regarde, ma belle reine, la douce perspective qui m'attend. Je suis l'héritier par ma naissance du grand nom qui a fait trembler le monde. La France abrutie par un Roi imbécile appelle l'heure de la délivrance ; elle compte sur moi pour la relever. Aide-moi de tes talents et de ton influence ; travaillons ensemble à la réalisation de mes vœux : tu seras heureuse ; je partagerai ton bonheur.

Bercée par ces séduisantes paroles, Madame Gourdon se laissait aller aux rêves d'une aussi brillante destinée ; il fallait se dévouer tout entière à son œuvre, et afin de n'en être plus distraite par les multiples exigences de son art, elle abandonna le théâtre qui lui avait procuré une assez belle aisance et lui promettait encore une durable célébrité.

Louis Napoléon resta le seul objet de sa flamme : le rendre heureux et travailler à sa future élévation devinrent les seuls mobiles de ses efforts continuels.

Certes, Madame Gourdon ne pouvait, à cette époque, sonder l'abîme profond de duplicité que recelait le cœur de son impérial amant. Aussi, ajoutant une foi sans limites à ses fallacieuses promesses, devint-elle, avec entremise d'un nouvel ami dont nous allons parler tout à l'heure, l'agent le plus dévoué et le plus actif de la conspiration de Strasbourg.

Ce fut alors que la fatalité leur amena un homme jusqu'alors inconnu. Arrêtons-nous un instant devant ce personnage qui, depuis l'année 1834, eut une si grande influence sur les destinées de Louis Napoléon.

Jean-Victor Gilbert Fialin, depuis duc de Persigny, est né en 1808 à Saint-Germain-Lespinasse, dans le département de la Loire. Il avait perdu son père et sa mère dès sa plus tendre enfance. Un oncle l'avait retiré, dont la protection lui fit obtenir une bourse au collége de Limoges. Ses études finies, Fialin entra à l'Ecole de Saumur, et sortit deux ans après, maréchal-des-logis au 4e régiment de hussards.

Il s'était laissé entraîner à cette époque par les opinions royalistes ; mais il les modifia bientôt, en prenant une part très-active à la révolte de Pontivy qui acclamait le gouvernement de Juillet. Sa conduite cependant n'agréa point à ses supérieurs hiérarchiques ; il reçut son congé de réforme et se trouva en 1832 sans aucune espèce de position.

Il se rendit alors à Paris pour y chercher fortune. Sur la recommandation de M. Baude, il fut admis dans la rédaction du journal le *Temps*. Il devint protecteur acclamé des prédications saint-simoniennes, et partagea même, à Ménilmontant, la retraite du célèbre Père Enfantin. Après cela, cherchant toujours fortune, il offrit, dit-on, ses services à la duchesse de Berry qui avait débarqué en Bretagne, et afin de les faire accepter plus efficacement, il changea le nom de Fialin qui sentait par trop la roture en celui de duc de Persigny, appartenant depuis des siècles à sa famille, bien qu'elle eût négligé de le porter.

La lecture du *Mémorial de Sainte-Hélène* l'avait converti au bonapartisme ; il fixa là ses nouvelles aspirations et fonda une revue mensuelle intitulée l'*Occident français*, dont il ne put, faute de ressources, livrer que le premier numéro.

Cette publication enthousiaste lui valut les encouragements des partisans de la famille déchue ; elle facilita ses rapports avec l'amant de Madame Gourdon.

Le vicomte de Persigny s'était rendu à leurs instances ; il avait fait le voyage d'Italie.

Louis Napoléon accueillit avec une extrême bienveillance cet ami qui avait tout observé ; il avait traversé le monde des sectes, des journaux, des complots, et toutes les sphères où s'agitaient dans la capitale les passions et les espérances.

Ces espérances allaient enfin s'accomplir. On avait fait appel au dévouement de gentilshommes ruinés, et une fois les premiers néophites embauchés, tout avait marché comme sur des roulettes.

Madame Gourdon avait soustrait ses charmes aux étreintes de Son Altesse ; elle s'était rendue à Paris, avait ouvert son salon aux émissaires de son bien-aimé ; avec eux elle parcourait la province, donnant des concerts qui attiraient la foule : les hommages qu'elle ne refusait pas, et par ordre, devenaient autant de pièges tendus aux galants, surtout aux officiers : on ne l'approchait qu'à la condition formelle de *bonapartiser*.

Cette femme avait de l'esprit et possédait au suprême degré l'art de séduire ; elle ensorcelait son monde ; généraux, aides-de-camp, tout y passait. Un seul s'y fixa pour son malheur ; c'était le colonel Vaudrey : les charmes de Circé l'entraînèrent..... à la perte de ses illusions.

L'événement déçut les espérances des conspirateurs. Le futur Empereur se laissa prendre comme un rat dans une souricière à Finkematt. M. Fialin dit de Persigny perdait la tête et se laissait aller au plus ignoble découragement.

Toutefois, Madame Gourdon, en femme héroïque, ranima son courage ; elle s'empressa de se rendre auprès de son complice éperdu, entre les mains duquel se trouvaient des papiers particulièrement compromettants. Elle trouva cet homme désespéré, tremblant comme une feuille et s'attendant à payer de sa vie une tentative dont la réussite devait certainement faire sa fortune. La dévouée conspiratrice, malgré le désarroi de sa position, se possédait parfaitement. Elle s'empressa de jeter au feu tous les écrits qui auraient pu aggraver sa cause ; après quoi, méprisant le timide témoin de ses hardiesses, elle facilita son évasion de Strasbourg, se livra à la justice qui la poursuivait, espérant partager le sort de son amant dont la triste déconfiture avait rallumé, s'il était possible, les tendres sentiments qu'elle ressentait pour lui.

Le geôlier de la prison de Strasbourg était, comme tous les hommes de son espèce, religieusement attaché à sa consigne : c'était l'homme du devoir. Il était interdit au prisonnier Prétendant de se montrer à la fenêtre, que garnissaient d'ailleurs par précaution d'impénétrables jalousies.

Madame Gourdon restait à Strasbourg, cherchant par tous les stratagèmes imaginables de faire arriver de ses nouvelles. Les argus du pouvoir surent déjouer ses entreprises, et elle partit pour rejoindre sa petite fille, fruit de ses amours avec son impérial séducteur.

Elle espérait partager toujours sa fortune. Triste illusion d'un bon cœur ! Elle devait être délaissée, du jour où elle n'était plus nécessaire. Un ambitieux s'était servi de ses charmes pour ses plaisirs d'abord, et quand la lassitude avait blasé ses sens, il l'avait jetée en pâture aux convoitises des hommes qu'il voulait gagner à sa cause.

Madame Gourdon, nous venons de le dire, avait une fille ; nous la retrouverons plus tard. Quant à la mère, elle disparaîtra de la scène du monde, après avoir éprouvé toutes les privations de la souffrance et de la misère ; un grabat d'hôpital deviendra son dernier asile. Tardive expiation d'une vie aventureuse, que les intrigues et les séductions d'un malhonnête homme avaient déshonorée !

CHAPITRE IV

BONAPARTE A NEW-YORK.

De Strasbourg le Prétendant fut conduit à Paris. Le gouvernement de Louis-Philippe se croyant suffisamment vengé n'accorda pas à l'ambitieux les débats d'un procès. Celui-ci d'ailleurs, redoutant la publicité de certaines révélations qui n'étaient pas à l'avantage de son honneur, avait pris les devants en demandant sa liberté, offrant comme condition le serment de ne se plus mêler de politique.

Les intrigues de la reine Hortense, les promesses du Prétendant, touchèrent le cœur du Roi. Il fit grâce, et le chef de l'entreprise s'embarquait quelque temps après sur la frégate française l'*Andromède*, qui avait ordre de le transporter à New-York.

Au moment de l'appareillage, le sous-préfet de Lorient se transportait sur le pont de la frégate.

— Avez-vous de l'argent, Prince, dit-il au Prétendant ?

Sur un signe négatif de celui-ci, — voilà, dit-il, une somme que le Roi vous fait offrir par mon entremise. C'était seize mille francs en or.

Louis Napoléon accepta et remercia.

Au mois de décembre 1837, l'*Andromède* emportait sur l'Océan Louis Napoléon et sa fortune.

Ballotté pendant ce mois des tempêtes par les flots inclréments de l'abîme, il laissait errer son esprit à la considération des choses passées : ses affections, ses luttes, ses aspirations et ses espérances se présentaient tour à tour pour le condamner ou l'absoudre. Le sentiment qui dominait ces impressions passagères ne lui permettait pas d'endormir ses remords.

La frégate surmontait avec peine les colères des vents contraires, elle avait cherché un abri dans un des ports des îles Canaries. C'est là que l'exilé écrivit à sa mère la lettre qu'on va lire.

« En vue des Canaries, 14 décembre.

« Chère mère,

» Chaque homme porte en soi un monde composé de
» tout ce qu'il a vu et aimé, et où il rentre sans cesse,
» alors même qu'il parcourt un monde étranger.

» J'ignore alors ce qui est le plus douloureux, de se
» souvenir des malheurs qui vous ont frappé, ou du
» temps qui n'est plus.....

» Assis sur la dunette, je réfléchis à ce qui m'est
» arrivé, et je pense à vous et à Arenemberg. Les
» situations dépendent des affections qu'on y porte. Il y
» a deux mois, je ne demandais qu'à ne plus revenir en
» Suisse; actuellement, si je me laissais aller à mes
» impressions, je n'aurais d'autre désir que de me trou-
» ver dans ma petite chambre, dans ce beau pays où il
» me semble que j'aurais dû me trouver très-heureux.
» Hélas! *quand on sent fortement,* on est destiné à passer
» ses jours dans l'accablement de son inaction ou dans
» les convulsions de situations douloureuses.....

» Ne m'accusez pas de faiblesse. Vous le feriez, si je
» vous rendais compte de toutes mes impressions. On
» peut pourtant regretter ce que l'on a perdu, sans se
» repentir de ce que l'on a fait.

» Mes sensations ne sont pas d'ailleurs assez indépen-
» dantes des causes intérieures, pour que nos idées ne
» se modifient pas toujours un peu, suivant les objets
» qui nous environnent. La clarté du soleil et la direc-

» tion du vent ont une grande influence sur notre état
» moral.

» Quand il fait beau, que la mer est calme comme le
» lac de Constance, quand nous nous y promenions le
» soir ; que la lune, la même lune nous éclaire de sa
» lueur blanchâtre ; que l'atmosphère est aussi douce
» qu'au mois d'août en Europe, alors je suis plus triste
» qu'à l'ordinaire. Tous les souvenirs gais ou pénibles
» viennent à tomber avec le même poids sur ma poi-
» trine. Le beau temps dilate le cœur, tandis que le
» mauvais le resserre. *Il n'y a que les passions qui soient*
» *au-dessus des intempéries des saisons..*

» J'arriverai bientôt au terme de mon voyage. Ne
» pensez pas à venir me rejoindre ; je ne sais encore où
» je me fixerai. Peut-être trouverais-je plus de chance
» à habiter l'Amérique du Sud. Le travail auquel l'in-
» certitude de mon sort m'obligera à me livrer *pour me*
» *créer une position*, sera la seule consolation que je
» puisse goûter..... Adieu, ma mère ; un souvenir à nos
» vieux serviteurs, *à ces demoiselles*, à cette pauvre
» petite B.....

» LOUIS NAPOLÉON BONAPARTE. » (1)

En arrivant aux États-Unis, avec les seize mille francs qu'il devait à la générosité du Roi, Louis Napoléon ne pouvait compter sur un établissement durable.

Tout près de New-York, il rencontra des anciens serviteurs de l'Empire qui l'aidèrent de leurs conseils. Mais

---

(1) Mémoires de la Reine Hortense.

reprenant bientôt l'attrait qui l'appelait au plaisir, il rechercha des gains rapides dans les maisons clandestines où le jeu était effréné, grâce à l'entraînement de quelques beautés faciles qui dominaient en ces lieux.

Les seize mille francs ne tardèrent pas à être engloutis; les tripots, les lupanar offrirent alors un refuge à ses expédients. La police de New-Yorck eut souvent à se mêler de ses affaires.

Laissons-les-lui démêler. Arrêtons-nous seulement devant un acte judiciaire dont l'issue favorable à notre aventurier fut le triomphe de l'habileté de l'avocat qui plaida sa cause devant les juges du tribunal.

Louis Bonaparte, ayant quitté son premier domicile *Reade street* sans payer son terme, s'était réfugié dans celui d'une femme galante dont il avait habilement capté les tendresses; il vivait avec elle, lui donnant pour émoluments force promesses, mais lui aidant, par son industrie, à faire amplement payer les chalands qu'il lui procurait. Un soir, une querelle plus grave que d'habitude s'éleva entre les deux associés d'une part, et de l'autre entre un malheureux étranger dont la bourse n'était pas en état de satisfaire les exigences des demandeurs.

De là querelle, rixe, coups de poings qui ne furent pas à l'avantage du client dévalisé, lequel, clopin clopant, l'œil poché, sortit enfin du traquenard, allant se plaindre au constable du quartier des mauvais traitements qui venaient de lui être infligés.

La police emprisonna le neveu du grand Empereur et sa complice dans une des cellules de la prison du

Parc, sous la prévention de vol, de coups et blessures.

Que faire ? Notre despote eut recours à un célèbre avocat qui embrouilla si bien cette affaire que les juges rendirent une sentence de pardon. Louis Napoléon fut acquitté : il oublia seulement une chose ; il ne paya jamais son avocat.

Aussi, celui-ci devenu plus tard rédacteur d'une revue, le *Brookly Dailly Advertiser*, écrivait-il un jour, lorsque son client fut devenu Empereur :

« Nous supposions peu à cette époque (1837) que ce
» jeune homme débauché, qui fut notre client et qui
» nous doit encore le prix de nos conseils, les frais et
» les déboursés de son affaire, deviendrait Empereur
» de la France. Nous croyons néanmoins que la réalisa-
» tion de ses espérances ambitieuses ne fera que hâter
» l'arrêt terrible évidemment suspendu sur sa tête. »

Il est vrai que le tribunal correctionnel n'avait pas usé de la même indulgence envers sa maîtresse. Celle-ci, cause première de tous les incidents, fut condamnée à la prison ; cette condamnation priva le prince de ses moyens d'existence.

Cependant il avait rencontré aux Etats-Unis ses cousins Achille et Lucien Murat. Ce dernier, l'ancien prince royal de Naples, avait obtenu du gouvernement fédéral une place de directeur de postes. L'autre, moins heureux, avait été réduit, par suite de faillites commerciales, à une situation si précaire qu'il n'eût, pendant plusieurs années, d'autres ressources pour subsister que le produit d'une école de jeunes filles tenue par sa femme Carolina. C'est aujourd'hui le prince Murat !

Divers projets furent imaginés pour que Louis Napoléon occupât ses loisirs à quelque entreprise industrielle.

Pour aboutir, il fallait de l'argent, et sa bourse était vide. Le découragement s'empare de son esprit, lui offrant le suicide comme terme de sa malheureuse existence.

Une lettre de sa mère le tirait d'embarras : l'ex-Reine disait à son fils qu'elle se sentait mourir et qu'elle désirait le voir une fois encore avant de quitter la vie.

A cette mission était joint un mandat qui lui permit de s'embarquer pour l'Angleterre. De là, passant par l'Allemagne il gagna secrètement Arenemberg, où il arriva pour fermer les yeux de sa mère.

Etrange jeu des vicissitudes humaines ! Qui aurait pu penser alors que cet homme réduit aux expédients pour vivre verrait bientôt à ses pieds, comme dispensateur des dons de la fortune, tout un monde d'esclaves et d'ambitieux sollicitant ses regards et ses faveurs !

Et si l'avenir, ouvrant ses arcanes mystérieux, nous eût permis de lire la future histoire de nos irréparables malheurs : Voilà, nous eût-il dit, voilà l'homme fatidique qui vous les apporte, en mettant le pied sur le navire fatal qui va quitter l'Amérique !

A la mort de la reine Hortense, le château d'Arenenberg devint la propriété de Louis Napoléon.

C'était un petit manoir admirablement situé, possédant un vaste parc, avec des arbres séculaires. L'ex-Reine l'avait acheté en 1819, au prix de 30,000 florins. Les bâtiments seuls étaient assez tristes, mais elle avait consacré à leur restauration toutes ses épargnes ; et grâce à ces intelligentes améliorations, le château était devenu, non un palais splendide, mais une demeure parfaitement habitable.

Le prince s'y installa en compagnie de quelques amis, parmi lesquels figuraient M. Mocquart et le docteur Conneau, médecin de la reine Hortense.

Que de fois, seul et errant en ses promenades solitaires, il cherchait dans son esprit les combinaisons qui devaient lui rendre favorables les retours de la fortune, et que de fois aussi, anéanti devant l'évidence de la triste réalité, il revenait au logis, triste et désespéré de l'impuissance de ses rêves.

Mais ces tristesses ne duraient pas longtemps ; il cherchait à en étourdir les atteintes dans les plaisirs faciles, au milieu des jeunes Thurgoviennes, auprès desquelles il se montrait aussi galant qu'empressé. Il faut le dire à son honneur : bien peu se montrèrent rebelles à sa flamme, tant il savait les entraîner par ses promesses, et les séduire en leur faisant tout espérer de sa future élévation.

Le type Verhuell est aujourd'hui commun en Thurgovie, et plus d'un bourgeois qui est loin d'avoir des prétentions au titre de gentilhomme dans ce canton, porte, sans s'en douter, dans ses veines le sang de l'illustre proscrit.

Toutefois, ses aventures galantes n'absorbaient pas tellement ses loisirs qu'il ne lui fût possible d'en réserver quelques-uns à ses conspiratrices machinations.

Le trône de France est assez haut placé pour tenter la convoitise d'un ambitieux, et notre Prétendant, qui sous ce rapport ne le cédait à personne, cherchait à renouer avec de nombreux amis en disponibilité des relations intéressées capables de lui en faciliter l'accès.

Le gouvernement français eut vent de ces sourdes menées, et dans le but d'en arrêter le progrès, le ministre de France près la nation helvétique communiqua à l'assemblée une note relative au prince Louis Napoléon.

Cette note habilement rédigée par l'astucieux diplomate reprochait à la Suisse sa tolérance en faveur d'un homme parjure, lequel, au mépris de toutes les obligations que lui imposait la reconnaissance, osait avouer ostensiblement des prétentions insensées. Son retour d'Amérique, loin d'avoir pour objet de rendre les derniers devoirs à une mère mourante, n'était que l'occasion de reprendre des manœuvres dont la folie avait été manifeste à l'attentat de Strasbourg.

« La Suisse est trop loyale, poursuivait le diplomate,
» elle est trop fidèle alliée pour permettre que Louis
» Bonaparte se dise à la fois un de ses citoyens et le
» prétendant au trône de France; qu'il se dise Français
» toutes les fois qu'il conçoit l'espérance de troubler sa
» patrie au profit de ses projets, et citoyen de Thur-
» govie quand le gouvernement de sa patrie veut prévoir
» le retour de ses criminelles tentatives. »

Après cette note, une armée française se massait sur la frontière : c'était une démonstration sans réplique de la solidité de ses arguments.

Le Grand-Conseil de Thurgovie, qui ne savait la manière efficace de répondre à cette brutale logique, exposait que le Prince était citoyen thurgovien, et que par suite n'étant plus Français, ses prétentions au trône de France devenaient chimériques.

La dispute s'envenimait et durerait peut-être encore, si le Prétendant n'y eût mis fin, en déclarant au Conseil qu'il était prêt à se retirer dans tel lieu où il pourrait trouver un asile assuré.

Il fallut donc dire adieu aux douces bergères des Alpes, il fallut quitter ces frais bocages et ces sites enchanteurs. Un passeport lui fut délivré pour Londres, où il se rendit en traversant l'Allemagne et la Hollande.

CHAPITRE V

MISS HOWARD ET FRITZ-ROI PRÉPARENT L'EXPÉDITION DE HAM.

L'Angleterre, pays classique de la liberté, lui offrit un asile, mais non des trésors. Le fugitif n'avait pas en partant d'abondantes ressources pécuniaires. Il était pauvre en débarquant en Amérique, mais là il avait pu se faire soutenir par les femmes; la même industrie lui restait dans la brumeuse Albion.

Il espérait donc avec une certaine impatience l'heureuse aventure qui devait le sauver. Dans le but d'en activer la recherche, il se mit à parcourir fiévreusement les rues de Londres, demandant au hasard, ce protecteur des gens embarrassés, de vouloir bien seconder ses princières aspirations.

Le hasard ne fut point sourd à sa prière. Il lui procura la rencontre d'une jeune Miss, dont la désinvolture assez provocante fixa tout d'abord ses hésitations.

C'était une belle fille des bords de la Tamise, d'une taille supérieurement imposante, jeune, fraîche, au galbe séduisant, et trottinant légèrement sur l'asphalte à l'ébahissement des désœuvrés. Notre héros, séduit par cette apparition inattendue, la suivit pendant quelques instants; celle-ci comprit la manœuvre et ralentit sa marche pour se laisser facilement accoster par le galant.

— Me permettrez-vous, belle Miss, de vous offrir ma protection et de vous conduire, lui dit-il en l'abordant?

— Qu'à cela ne tienne, Monsieur, je suis heureuse d'accepter l'appui d'un si noble cavalier; et, en disant ces mots, notre aventurière examinait des pieds à la tête l'amphitryon qui était devant elle; et, il faut le reconnaître, le résultat de cet examen ne fut pas trop défavorable, malgré les jambes cagneuses du patient.

Ils cheminèrent donc de conserve, s'épiant et s'étudiant l'un l'autre; et lorsque le Prince eut décliné ses noms et qualités, la belle charmeuse s'imagina avoir découvert les sources du Pactole... Elle ne se trompait pas, la malheureuse, mais le Pactole était encore bien loin!

Elle introduisit sa conquête dans un appartement de modeste apparence, en un boudoir sans luxe, où régnait pourtant une exquise propreté. Miss fut charmante de grâces et de prévenances, et dès la première heure, ces deux cœurs faits l'un pour l'autre se comprirent admirablement.

Il restait toutefois une assez sérieuse difficulté à vaincre. Le cœur de Miss n'était pas libre; un capitaine au long cours nommé Sampaïo le possédait. Mais notre Prince n'y regardait pas de si près ; il n'était pas fâché, vu la pénurie de sa bourse, de faire pénétrer par les galanteries de son associée de nouvelles ressources dans la maison.

Sampaïo parti, d'autres furent admis, et malgré leurs abondantes largesses, notre couple ne devenait pas millionnaire, tant le Prince absorbait d'argent pour activer ses impériales entreprises.

L'amour des femmes marche ordinairement avec la passion du jeu. L'or, ce dieu fatal que le libertin adore, roule abondant sur les tapis verts des tripots ; le Prétendant napoléonien avait plusieurs fois déjà tenté la fortune, elle ne lui avait point été toujours contraire.

Il hantait à Londres un brelan de mauvais aloi, dirigé clandestinement par un industriel de mérite, nommé Jack-Jouny-Fritz-Roi.

Celui-ci, qui avait l'intelligence de son métier lucratif, désirait attirer dans son bouge des personnages de haute lignée, dont la bourse peut soutenir sans crainte les plus formidables enjeux. Il confia ses prétentions à son hôte, et celui-ci, acceptant ses confidences, lui proposa tout un plan de bataille dont le succès paraissait démontré.

— Il nous faut, lui dit-il, une maîtresse-femme qui, par ses dehors séduisants, sache attirer les chalands : j'ai en main notre affaire.

Le lendemain, Miss Elisa était présentée au maître de céans ; on agréait ses services, et ces trois personnages organisaient si bien l'entreprise, qu'au bout de quelques jours il n'y avait pas à Londres de tripot si hautement fréquenté que la maison de Fritz-Roi.

Miss Elisa devint Miss Howard ; le Prince se contenta du modeste rôle de croupier. L'abondance succéda à la gêne ; après l'abondance arriva le luxe, et Miss Howard put se prélasser à Hyde-Parck sur un magnifique huit-ressorts traîné par deux pur-sang, à l'admiration des nombreux dandys qui ne surent résister à ses voluptueuses attractions.

La reine de Hyde-Parck trônait le soir dans un salon somptueux ruisselant de lumières, devant une vaste table recouverte d'un tapis vert, au milieu de vieux lords sybarites, se disputant ses plus intimes complaisances, pendant que l'or et les banck-notes circulaient et s'engouffraient dans ses mains avides ; tous ces Ulysse dégénérés ne savaient échapper aux charmes de la sirène et payaient à flots d'or le bonheur de les posséder pendant quelques instants.

On citait parmi ses plus fidèles adorateurs le nom de lord Clebden. Ce vieillard, aussi généreux que lubrique, mettait un haut prix aux faveurs de la belle, et il lui arriva plusieurs fois de payer mille livres sterling des abandons mystérieux qui naguère ne coûtaient pas plus de trois schellings.

Le croupier napoléonien supportait sans jalousie ce trafic matériel des beautés de son idole, les livres sterling entraient dans sa crécelle, et il avait par-dessus le marché le cœur brûlant de Miss Howard, qui lui était toujours particulièrement octroyé.

L'argent, dit-on, est le nerf de la guerre : Louis Napoléon ne manquait plus d'argent ; aussi ses projets de restauration dynastique revinrent-ils à son esprit avec une fièvre plus ardente que jamais. Il confiait à sa maîtresse, dans les doux épanchements du tête-à-tête, les impériales espérances de son cœur, et celle-ci, qui les poursuivait non moins véhémentement que son adoré seigneur, excitait, s'il était possible, les convoitises de son ambition.

Le Prétendant devint l'homme à la mode ; on le voyait dans tous les lieux de réunion élégante, à la promenade, au théâtre, au club ; il était de toutes les fêtes : concours de circonstances qui furent bientôt remarquées par les nombreux amis qui s'étaient tenus bien loin, tant qu'ils l'avaient su pauvre.

Les anciens conspirateurs de Strasbourg, les hommes tarés et perdus de dettes, furent séduits par des largesses opportunes, et de nouvelles relations se nouèrent qui devaient renouveler la tentative avortée, mais qu'on espérait amener à bon port, au moyen de certaines mesures qui paraissaient en assurer la réussite.

Il est vrai que Louis Napoléon avait obtenu sa grâce à Strasbourg par le serment de ne plus renouveler son équipée. Mais le serment n'était pas un obstacle pour cet homme ; il devait plus tard en oublier de plus solennels.

Un plan est donc adopté ; l'exécution demandait

l'abondance de fonds, et, malgré les gains énormes que réalisait l'association Jack-Hosward-Napoléon, il manquait encore une somme assez importante dont l'ingénieuse trinité découvrit sans peine l'absolue nécessité. Comment se la procurer ?

Il est, dit-on, un dieu pour les ivrognes et les fripons. A ce dernier titre, nos trois industriels avaient le droit à sa protection, qui en cette circonstance ne leur fit point défaut.

Parmi les habitués de la maison Jack et Comp°, il y avait un certain personnage, nommé Beaumont Smith, occupant une certaine position dans l'administration des bons de l'Échiquier. Il descendait du fameux amiral de ce nom qui commandait à Saint-Jean-d'Acre, lors des guerres de la République.

La passion du jeu l'avait affolé, et afin d'acquitter ses pertes, il s'était vu contraint d'emprunter à courte échéance, au courtier Rapallo, une somme de plusieurs centaines de livres sterling.

A l'échéance qui sonnait déjà, Smith ne pouvait pas s'acquitter. Rapallo, qui n'était autre que l'homme de paille du Prétendant, se montrait inexorable et menaçait le débiteur des dernières rigueurs des lois anglaises, s'il ne se mettait en mesure pour le terme convenu.

— Vous pouvez tout arranger sans peine, lui dit Rapallo. Vous avez à votre disposition les bons de l'Échiquier ; prenez-en une quantité considérable, je les négocierai, et lorsque vous me paierez, il nous sera facile de les retirer à temps, pour que l'administration dont vous êtes le chef ne soupçonne pas leur détournement.

Louis Bonaparte intervint, et décida par des conseils cet acte de fraude dont il devait personnellement profiter.

Smith vola donc les bons de l'Échiquier ; leur montant servit à payer les frais de l'expédition de Boulogne, qui aboutit, comme on sait, à la forteresse de Ham (1).

Le 6 octobre 1841, la Cour des Pairs prononçait un arrêt qui condamnait :

Le prince Charles-Louis Napoléon Bonaparte à l'emprisonnement perpétuel dans une forteresse située sur le territoire continental du royaume.

Jean-Gilbert-Victor Fialin, dit de Persigny, était condamné à 20 ans de détention.

Henri Conneau, médecin, devait subir 5 ans de la même peine.

Adieu beaux rêves de grandeur ! Au lieu du plus grand trône de l'univers, l'escabeau de la prison ; à la place de la pourpre impériale de César, la triste défroque du galérien ; après les charmeresses délices de la prostituée de Londres, le contact ignoble du geôlier ! Triste revirement des choses humaines, où la justice providentielle semble frapper et mettre sur le front du coupable l'indélébile sceau de la réprobation !

Miss Howard, à la vue d'un insuccès sur lequel elle était loin de s'attendre, était au désespoir de ne pouvoir partager la captivité de son amant.

Que lui restait-il donc à faire en cette triste occurrence ? pleurer et attendre patiemment. Elle pleura donc et elle attendit avec patience.

---

(1) Une condamnation de la Cour envoya Smith à Botany-Bay.

Mais l'adorable Laïs se garda bien de laisser tomber en déconfiture la lucrative industrie de l'établissement Fritz-Roi. Son amour de plus en plus passionné pour la triste victime qu'elle avait perdue, trouvait moyen de s'affirmer malgré les grilles de la prison. Elle envoyait sans cesse au prisonnier des bourses pleines d'or, en témoignage de sa fidèle sollicitude.

Cinq années, c'est-à-dire cinq siècles, s'écoulèrent ainsi au milieu des intermittences d'espoir et de mécompte; il n'était pas écrit que la prison fût la dernière étape de l'ambitieux.

Depuis longtemps, il cherchait l'occasion de lever le pied. Le plan, longuement étudié, réussit; Louis Napoléon s'évada de Ham et parvint, non sans de grands dangers, à gagner la Belgique.

Son premier soin, en arrivant à Bruxelles, fut d'informer sa belle Miss de ses succès inespérés; il lui écrivit, dans l'enthousiasme de son bonheur, cette lettre où il raconte la réussite de son stratagème :

« Ma bonne Élise,

» Enfin je suis libre; encore quelques jours et j'aurai le bonheur de te presser sur mon cœur. Comment tout cela s'est-il combiné? Mon esprit se confond en pensant aux diverses impossibilités qu'il m'a fallu affronter et aux accidents qui ont failli causer ma perte.

» Parmi tous les plans qui s'offraient à mon espoir, j'ai choisi le plus simple. Il consistait à introduire des ouvriers dans ma prison, dont les habits échangés me permettraient de franchir les portes de la citadelle.

» Le hasard m'a merveilleusement servi en cette circonstance, car au moment où je cherchais un motif de travaux urgents à exécuter, le commandant est venu lui-même annoncer que des ordres, arrivés de Paris, prescrivaient la réparation immédiate de l'escalier et des corridors.

» Il y avait déjà huit jours que duraient les travaux intérieurs, et ce laps de temps m'avait suffi pour me rendre compte du dégré de surveillance exercé à l'égard des ouvriers. Les précautions étaient grandes à leur entrée ou à leur sortie en corps, mais on ne faisait nulle attention à ceux qui, prenant la route directe de la porte, sortaient pour aller chercher des outils ou des matériaux. C'est donc à ce procédé net et hardi que je crus devoir me fixer.

» Tout a été disposé pour la matinée du 23 mai. Par un contre-temps fâcheux, je reçus ce jour-là la visite de plusieurs personnes connues ; il me fallut remettre le départ au mardi 25 mai suivant ; je le désirais avec impatience. Ce jour-là, de grand matin, lorsque tout était encore calme dans l'intérieur du fort, nous attendions, avec le docteur Conneau, mon ami, l'arrivée des ouvriers.

» Je me hâtai de couper mes moustaches, afin de produire un notable changement dans mon visage. Je passai par-dessus mon gilet une grosse chemise de toile coupée à la ceinture ; une cravate bleue, une blouse d'ouvrier et un tablier de toile bleu complétaient le costume.

» Ainsi vêtu, la tête couverte d'une perruque noire,

les mains et le visage brunis par la peinture, je mis une sale pipe à ma bouche, je chargeai une planche sur mes épaules et je me dirigeai vers la porte.

» En passant devant la première sentinelle, je laissai tomber ma pipe et je fis un mouvement vers la terre pour la ramasser. Le soldat regarda machinalement et continua sa promenade monotone. L'officier de garde lisait une lettre; quelques soldats étaient groupés au soleil; le portier, dans sa loge, mit le nez à la fenêtre, mais un mouvement combiné de ma planche le fit rentrer; il ouvrit la porte et je sortis en lui disant bonjour.

» Entre les ponts-levis je rencontrai deux ouvriers qui me dévisageaient et exprimaient déjà tout haut leur surprise de ne pas me reconnaître.

» Je simulai la fatigue et je changeai ma planche d'épaule; les deux hommes s'éloignèrent en disant: C'est Badinguet.

» Près des glacis, je trouvai la voiture que mon fidèle serviteur m'avait procurée; j'étais libre, une tempête bouillonnait dans mon cœur, c'était une des grandes crises de ma vie.

» Je ne te dirai point, mon Élise, les incidents et les rencontres qui ont émaillé les suites de mon voyage; je te dirai tout cela de vive voix, bientôt, je l'espère; j'arrive à l'instant à Bruxelles, je suis sauvé. Je vais me reposer; demain je partirai pour Ostende, et de là je vais à Londres où j'aurai le bonheur de te revoir. Adieu.

» N. L. BONAPARTE. » (1)

(1) *La Forteresse de Ham*, Londres, 1847.

L'établissement de Fritz-Roi jouissait toujours de la plus abondante prospérité. Le fugitif était à bout de ressources; heureusement pour lui, il y avait à Londres une mine inépuisable; c'était sa Californie. Miss Howart le recevait, toujours dévouée et les mains pleines. Les pigeons ne se lassaient pas de se faire plumer, et leurs dépouilles opimes constituaient le brillant apanage qui fournissait à l'opulence du fugitif de Ham.

Toutefois, après avoir épuisé le calice de jouissances que lui réservait sa fidèle Circé, il ne pouvait bannir, dans des moments de solitaires réflexions, les pensées de tristesse qui l'obsédaient en foule. Son passé, celui de toute la famille, se dressaient devant lui et lui montraient toute une vie d'agitations et d'opulentes misères qui en avaient troublé l'aventurière expansion. Tout ne pouvait pas être mis sur le compte des folies de jeunesse; il y avait des crimes; et s'il se mettait à songer à sa famille dispersée, une angoisse indicible torturait son cœur devant ces misérables victimes de l'orgueil et de la luxure qui n'avaient laissé sur leur nom que la honte ou le mépris.

Un seul surnageait au milieu de cette tempête: c'était celui du Grand Homme, dont il se croyait l'héritier.

Toute son ambition était de se rendre désormais digne des destinées qui lui étaient réservées.

Il s'était promis de ne plus tenter la fortune, mais d'attendre dans le silence qu'elle vînt le tirer de son repos. Il en donnait l'assurance à M. de Saint-Aulaire, ambassadeur de France en Angleterre.

Londres, 28 mai 1847.

« Monsieur,

» Je viens déclarer avec franchise à l'homme qui a été l'ami de ma mère, qu'en m'échappant de ma prison je n'ai cédé à aucun projet de renouveler, contre le Gouvernement français, des tentatives qui m'ont été si désastreuses.

» Je vous prie, Monsieur, d'informer le Gouvernement français de mes intentions pacifiques, et j'espère que cette déclaration toute spontanée pourra servir à abréger la captivité de mes amis qui sont en prison.

» N. L. BONAPARTE. » (1)

La révolution de Février vint apporter à ces dispositions pacifiques et désintéressées des modifications qu'il n'est pas besoin de faire connaître.

C'en était fait ; son étoile se montrait enfin, étincelante dans les splendeurs du firmament, elle se fixait sur ce magnifique palais des Tuileries où il était né, et qui lui ouvrait ses portes d'or, afin de lui livrer possession de ses somptueuses merveilles.

Il recevait déjà l'hommage des Rois au milieu de ses courtisans ressuscités et des nombreux amis dont il allait enfin pouvoir récompenser le zèle et le dévouement.

Dans sa fébrile impatience, le souvenir de sa tendre Élise se mêlait à ses rêves de future grandeur.

Il l'établissait au lendemain avec son associé Fritz-

---

(1) *La Forteresse de Ham*, Londres, 1847.

Roi, rue du Cirque, 14, à Paris. Quant à lui, le 25 février, il demandait l'hospitalité à M. Vieillard, depuis sénateur avec trente mille francs de dotation annuelle, rue du Sentier, pendant que M. Fialin dit de Persigny apprenait au Gouvernement provisoire qu'un homme s'appelant Napoléon était venu se ranger sous le drapeau de la République, sans autre ambition que celle de servir son pays et de se dévouer à la cause que ce nom représentait.

A quatre heures du matin, le 26, le Prétendant avait dû repartir et attendre, en Angleterre, la décision des événements.

Miss Howard et son associé Fritz-Roi restèrent à Paris.

Celle-ci se présenta à la société interlope de la capitale, sous les dehors de la plus luxueuse somptuosité.

Elle ouvrit ses salons aux sommités politiques et littéraires, et commença dès lors la plus assidue propagande qu'un diplomate puisse entamer. Les événements avaient marché, une quadruple élection appelait le Prétendant à l'honneur de représenter quatre départements au palais de l'Assemblée nationale.

Après de vifs débats, on l'admettait comme député. Le tour était joué, il ne s'agissait plus que de savoir attendre. Le Prétendant était sûr du gain, tous les atouts étaient dans ses mains.

Le salon de Miss Howard était devenu le centre de ses adeptes les plus dévoués.

Tous les déclassés dans les aspirations sociales, tous les déshérités de la fortune qui basaient leurs plus brillantes espérances sur les futures grandeurs dont le Prince était la clef de voûte, des officiers supérieurs perdus de dettes, accouraient dans ce cénacle pour faire leur cour assidue à cette Anglaise séduisante dont le pouvoir était grand sur les volontés de son amant.

Quant à Fritz-Roi, il avait dû renoncer à la coopération active de ses deux associés. Il avait levé pour son compte un établissement de jeu qui dégénéra bientôt en abominable tripot, grâce à l'habile concours des grecs inconnus dont les manœuvres procurèrent à l'association des bénéfices énormes.

Ces bénéfices, les emprunts, les promesses, la peur et la bêtise humaine, travaillèrent la France pendant quelques mois, et ces manœuvres habilement exploitées ouvrirent enfin au Prétendant les portes de l'Elysée. Charles-Louis Napoléon recevait le pouvoir des mains du peuple français, sous le titre de Président de la République.

L'Elysée était le paradis des anciens ; pour Bonaparte, il devint le purgatoire présidentiel par lequel il consentit à passer pour arriver sans tache au ciel impérial.

LIVRE II

L'ÉLYSÉE ET SAINT-CLOUD

CHAPITRE PREMIER

MÉNAGE PRÉSIDENTIEL

Avez-vous jamais employé vos loisirs à l'examen du travail d'une araignée? Une araignée, me direz-vous ? Pouah ! quelle horreur ! Et cependant, cette vilaine bête est, sous bien des rapports, parfaitement digne de votre attention.

Elle cherche son gîte avec la plus minutieuse prudence ; elle s'y blottit lorsqu'elle l'a trouvé, et alors commence pour elle tout une industrie d'installations, afin de s'assurer la proie qu'elle convoite. Elle file sa toile légère, qui prendra dans ses lacets gluants l'aventureux insecte ; elle tient dans chacune de ses pattes les clefs de ses agents secrets, elle dirige et gouverne tout, et tout aboutit à son bien-être et à sa félicité.

Ainsi s'installa dans les splendides salons de l'Elysée le fils de Verhuell et de la reine Hortense.

Après une navigation des plus aventureuses, malgré les écueils sur lesquels s'était deux fois choqué son navire, il arrivait au port. Il se préparait à y faire son gîte, en tendant de tous côtés par ses agents qu'une longue attente rendait avides, les lacets conservateurs dont il voulait garder toujours le maître-bout.

Toutefois, le titre de ce livre nous rappelle que nous n'avons pas à juger les travaux politiques du Petit-homme, nous devons à nos lecteurs les passe-temps secrets qui procuraient à ses loisirs princiers les délassements les plus enviés.

Miss Howard, aujourd'hui triomphante, n'avait rien perdu dans les vives affections de son cœur ; la prospérité avait, s'il est possible, versé plus de dévoûments aux intérêts de son auguste maître dans le cœur de sa compagne fidèle, et elle lui en donnait des preuves dans les intimes épanchements du boudoir. Elle habitait tout près de l'Elysée un hôtel aristocratique, dans lequel affluait déjà toute une nuée de solliciteurs. Qu'y a-t-il d'étonnant ? La courtisane n'était-elle pas toute-puissante sur les décisions du maître, et pour passer par ses mains, les dons et les faveurs étaient-ils moins acceptables ? Les solliciteurs ne le pensaient pas, et ils venaient en grand nombre se réchauffer aux chauds rayons émanant directement du soleil.

Toutefois, quoiqu'admise souvent aux petits soupers et aux parties fines de l'Elysée, elle ne pouvait trôner dans les réceptions et les dîners officiels ; il fallait au Président une femme de bonne race ; il l'avait trouvée sans chercher longtemps dans sa propre famille, en la très-haute et très-digne personne qui s'appelait Mathilde Demidoff.

Qu'on veuille bien nous permettre de fixer ici rapidement la position éthérée de cette nouvelle étoile napoléonienne. Madame Demidoff, plus connue sous le nom de Princesse Mathilde, est née à Trieste en 1820.

La bourrasque qui ébranla le premier Empire, en envoyant son auteur mourir sur un rocher désert, emporta dans son courant rapide la race des Napoléonides, qui se vit traquée et poursuivie, ne trouvant nulle part un asile assuré.

Le ci-devant roi de Westphalie, Jérôme Bonaparte, père de la princesse Mathilde, et sa femme, pensant voiler leur personnalité sous l'incognito d'un nom d'emprunt, se firent appeler comte et comtesse de Montfort, comme s'ils avaient rougi de porter encore le nom de Napoléon.

La princesse Mathilde fit sa première apparition à Stuttgard, sous le nom de comtesse de Montfort ; elle fut tolérée sous ce titre à la cour de son grand-père de Wurtemberg.

La cour de Stuttgard, hantée à cette époque par des femmes à trente-six quartiers de noblesse, était, chose étonnante, très-collet montant ; c'était des vertus première qualité, comme on dit en style d'épicier.

Mademoiselle de Montfort, qui était loin de cacher dans son cœur des vertus épicières, se laissait facilement entraîner à de tendres inclinations : elle aimait, elle aimait naturellement, comme naturellement le rosier produit des roses, comme naturellement aussi la fontaine coule de l'eau.

La sévérité de la cour ne pouvant admettre le bénéfice des circonstances atténuantes en cette matière, l'avait mal jugée, et par suite mise à l'index.

Mathilde n'avait que seize ans : c'était une blonde adorable, à la peau transparente et fine, marbrée çà et là de lignes bleuâtres, marquant le passage de son beau sang.

Il n'est pas besoin de dire que Mademoiselle de Montfort n'était point heureuse à Stuttgard.

Une jeune fille de seize ans, ardente et passionnée, ne pouvait trouver le bonheur au milieu des austérités hargneuses d'une cour aussi raide qu'empesée, où le plus léger sourire était taxé d'inconvenance, où un mouvement de tête blessait l'étiquette imposée.

Les princesses y vivaient cloîtrées, sous la surveillance de chanoinesses datant des croisades ; circonstance à noter, car plus une femme est vieille, et plus elle est jalouse de celles qui ne le sont pas.

Mademoiselle de Montfort s'ennuyait donc et bâillait à se démonter la mâchoire, occupation continuelle qui altérait sensiblement les lignes de sa bouche mignonne, au grand détriment de sa régularité.

C'était dommage, car la belle demoiselle tenait à sa petite bouche, et je ne sache pas que personne soit bien venu à lui en faire un crime, car on dit que pour être aimée, il faut : petite bouche, petites mains et petits pieds.

Ces trois grains de perfections si rares ensemble, Mathilde les possédait à l'unisson, elle avait même deux yeux fripons, dont les doux éclairs produisaient des impressions magnétiques. On assure que l'œil d'une jeune fille de seize ans pourrait percer des murailles ; ajoutons qu'un proverbe russe dit aussi : il est impossible de cacher dans un sac ni une alène, ni une jeune fille.

J'ignore si Mademoiselle Mathilde connaissait ces adages, mais ce qui est certain, c'est que malgré sa duègne, elle portait un *idéal* dans son cœur, dont les pulsations battaient plus fortement que d'habitude toutes les fois qu'il se présentait à sa mobile imagination.

En passant un jour devant un corps de garde, elle y jeta un coup-d'œil et pâlit.

O merveille ! elle a reconnu son idéal sous les traits d'un bel officier wurtembergeois, revêtu d'un costume d'or ou de clinquant, n'importe, car une jeune fille ne comprend rien à la différence de l'or et du similor.

Dès ce moment, Mademoiselle de Montfort aima un uniforme ; car, pour l'homme, elle ne le connaissait pas, et il n'était pas admissible d'espérer une occasion qui dût les rapprocher.

Cependant, on dit que deux cœurs peuvent plus facilement se rencontrer que deux montagnes. Quelques jours s'étaient à peine écoulés que le hasard, ou tout autre cause, opéraient ce rapprochement inespéré.

On dansait quelquefois à la cour de Stuttgard.

Mademoiselle de Montfort ne manquait pas un bal. Un maître de cérémonies lui annonce d'office un cavalier, un soir qu'elle était particulièrement distraite par ses intimes pensées. C'était le comte de Stein..... un des noms les plus connus dans l'Allemagne pour sa noblesse, sa prodigalité et la belle somme de ses dettes.

Lever les yeux sur son danseur et éprouver un coup de foudre, fut la même chose pour la Princesse. Le comte de Stein..... était son idéal en uniforme.

Elle rougit comme une pivoine, elle balbutia des paroles incohérentes ; et, sans être indiscret, nous pouvons assurer que ce qu'ils se dirent n'était point des patenôtres.

Le comte de Stein..... avait reconduit sa danseuse ; il fut rêveur toute la soirée. Les deux amoureux se revirent, et Mathilde, vaincue par son naturel, livra sans peine au séduisant officier ce qu'une jeune fille ne peut pas donner deux fois.

L'aventure, d'abord peu connue, fit quelque bruit dans la ville ; une indiscrétion et le départ précipité du Comte, fuyant ses nombreux créanciers, dévoila tout le mystère.

La médisance eut beau jeu : la chronique scandaleuse vola d'échos en échos jusqu'aux oreilles du vieux Roi, grand-père de la volage Princesse.

Un beau matin, Mademoiselle Mathilde, qui aimait la liberté avec l'esprit d'indépendance que tous ses amis lui reconnaissent, pénétrait dans le cabinet de son aïeul. Aucune oreille indiscrète n'a pu entendre les belles choses que révéla la Princesse ; mais en sortant, les courtisans purent lire dans ses yeux un air déterminé qui lui allait à ravir.

Rentrée chez elle, ses malles furent mises en ordre, remplies de ses hardes les plus précieuses. Elle s'enfuit dans une rapide berline sur les bords fleuris de l'Arno, dans la riante et voluptueuse cité de Florence.

En quittant Stuttgard, elle y laissa le nom de comtesse de Montfort, et prit à Florence celui de Mathilde Bonaparte.

Florence possédait alors un grand-duc de Toscane qui la reçut avec une passable froideur. Mais qu'importait à la belle fugitive ? Ce qu'elle voulait à Florence, elle l'y rencontra : l'amour, l'indépendance et la liberté.

Elle se fit dès lors remarquer par ses goûts excentriques, recherchant dans le culte des arts un aliment à son ardente activité. — De jeunes amis, au cœur chaud, s'adonnant à la poésie et aux beaux-arts, lui firent brillant et nombreux cortège.

Une nuit tiède et embaumée des suaves parfums de la campagne, elle entend, assise sur son balcon, les sons d'une plaintive mandoline. La belle, bercée par la fraîche brise qui caressait sa chevelure, rêvait sans doute à ce que rêvent les jeunes filles et les vieilles aussi.

Les sons s'approchent, et le musicien s'arrêtant sous son balcon, lui lance en traits enflammés une de ces ballades amoureuses, qu'on appelle sérénade en Italie.

C'était une fraîche et douce voix, dont les accents mélodieux perçaient le cœur de l'attentive recluse. Un amandier était sous sa main, elle en détacha une branche pendante et la jeta au chanteur nocturne. Celui-ci s'empara du gage précieux et se retira lentement en disant à voix basse : A vous revoir, ma belle, et bonne nuit.

La nuit fut bonne pour la Princesse, car elle l'employa à penser à son enchanteur, qu'elle revêtait, dans son imagination, des formes les plus capricieuses et les plus séduisantes.

Le matin, la même pensée poursuivait son esprit. Afin de se distraire, elle se décida à visiter l'atelier du célèbre sculpteur Tenerani.

Le grand jeune homme, à la voix si pure, à la chevelure blonde et à la taille élégante, était là avec son rameau d'amandier fixé à la boutonnière de son habit.

C'était un Comte, d'origine hollandaise, s'occupant de sculpture en grand seigneur, et qui, séduit par les charmes de la Princesse, s'était invisiblement attaché à ses pas pour étudier les contours délicieux de la femme qu'il prenait pour type de ses créations.

Le talisman qu'il portait sur lui frappa tout d'abord les regards de la belle Mathilde, qui reconnut ainsi son ménestrel de la nuit; ses joues se colorèrent d'un vif incarnat. Quelques jours après, le comte de Nieuwekerke, car c'était lui, était admis dans l'intimité du palais de la Princesse, et cette liaison, commencée d'une manière aussi romanesque, a survécu à toutes les vicissitudes d'une vie aussi accidentée que celle de Mathilde Demidoff.

N'allez pas croire que cette affection n'ait point eu de rivale, même à Florence ; les jeunes artistes qui lui faisaient la cour étaient nombreux et souvent récompensés. Mais le comte de Niewkerke, d'une tolérance à toute épreuve, se gardait bien de manifester la moindre jalousie, et c'est ce qui explique la constance de l'affection de l'infidèle Princesse.

Cette vie aussi luxueuse que dissipée demandait, on le comprendra sans peine, une bourse toujours bien garnie. Pour réparer les considérables brèches que ses besoins l'obligeaient à lui faire subir, Mathilde avait eu plusieurs fois recours à l'obligeance ou à l'avidité de quelques juifs, dont les fonds avaient, moyennant gros intérêts, apporté quelques secours dans ses dépenses.

Le malheureux quart-d'heure de Rabelais la trouvait sans cesse invisible; l'ordre sévère de ne pas recevoir n'arrêtait pas les créanciers, qui brisaient avec fracas les obstacles que la domesticité opposait à leurs justes réclamations.

On assure que, pour tranquilliser des créanciers intraitables, il n'y a qu'à devenir Empereur. Je veux bien le croire ; mais pour une Princesse qui ne peut aspirer à cette dignité, grâce à la loi salique, il n'y a d'autre moyen qu'à donner son cœur à un archimillionnaire russe, quand bien même il descendrait en droite ligne d'une nichée de paysans.

Mathilde Bonaparte devait choisir entre la prison pour dettes ou le mari; elle préféra le mari ou plutôt ses millions.

Il y avait alors à Florence un particulier dont la fortune eût facilement acheté plusieurs principautés; il possédait et palais et villas. Ne sachant où placer ses millions, il se disait amateur des beaux-arts, et il s'y entendait comme un caillou à nager. Il se délassait au milieu des ballerines italiennes qui se moquaient de lui, mais qui prenaient ses écus. Un jour, cet homme blasé sur toutes choses eut une lubie : un millionnaire a bien le droit d'en avoir, car sans cela, à quoi dépenserait-il ses millions? Il lui vint dans l'esprit d'épouser une Princesse. La Princesse n'était pas loin, elle était sa voisine, et elle portait un nom très-connu de l'Europe. Il est vrai que la Princesse n'était pas riche : elle et tous les siens avaient autant de dettes que de fleurons à leur couronne; mais pour un archimillionnaire les dettes ne sont rien. M. Demidoff promit de s'en charger, et le 10 octobre 1841, Mademoiselle Mathilde Bonaparte s'appelait Madame Anatole Demidoff.

On se demandera, peut-être, l'origine de ce prince Demidoff, prince pour la France, mais non pour la Russie.

Il y a non loin de Moscou une petite ville qu'on appelle Toula; elle se distingue par ses nombreuses manufactures, où l'on travaille le fer et les armes.

Un jour Pierre-le-Grand, qui avait toujours l'œil sur la prospérité de son empire, aperçut, en visitant les usines de Toula, un ouvrier forgeron très-sympathique, dont l'intelligence et l'activité avaient attiré son attention.

— Quel est ton nom, lui dit le Czar?

— Demide, répondit l'ouvrier.

— Eh bien, Demide, tu partiras demain pour la Sibérie.

A ce mot, Demide devint pourpre, un nuage de sang

obscurcit sa paupière, et tombant aux genoux de l'autocrate :

— Grâce, dit-il, en fondant en larmes.

— Animal, reprit le Prince (c'est ainsi que le Czar appelait ses amis), animal, je te fais millionnaire, deux cent mille hectares de terre et de bois t'appartiennent au site que tu voudras choisir, cent mille serfs t'obéiront, car tu en seras le maître ; mais *il faut que tu me trouves du fer.*

Demide, qui n'était qu'un paysan, comprit le maître ; il ouvrait de grands yeux ébahis. Etait-ce un rêve ou une réalité ?

— Lève-toi, animal, fais tes préparatifs, viens chercher mes ordres et pars demain. Demide partit ; il arriva en Sibérie et découvrit non-seulement du fer, mais de l'or, de l'argent, du mercure et des pierres précieuses, et devint ainsi la tige d'une opulente famille de Pachas qui s'appela Demidoff ou fils de Demide.

C'était l'arrière-petit-fils de cet heureux mortel qui venait d'épouser Mathilde. Nous avons dit que c'était par caprice, peut-être aussi avait-il en vue l'honneur d'être admis à la cour de Russie, honneur que pourrait bien lui faire obtenir sa femme à cause de sa parenté avec un gendre de l'empereur Nicolas et fils du prince Eugène.

Entre Florence et Saint-Pétersbourg la distance est énorme, et le contraste non moins différent.

La belle Princesse ne le savait que trop, aussi elle s'ennuyait dans le vaste manoir de Boyard où elle trouvait toutes choses, hormis des arbres et un jardin.

Restaient les charmes de la cour, qu'elle désirait connaître ; et, comme il est constant que la Princesse ne possède pas le moindre talent pour les intrigues de la politique ou de la diplomatie, il n'y avait plus d'autres ressources que ses beaux yeux. Or, le prince Demidoff était jaloux comme un Russe, qu'il était ; circonstance aggravante qui n'empêcha pas le czar Nicolas de les voir et de se mirer aux éclairs qu'ils lançaient.

L'autocrate devint amoureux de la Princesse ; il était fin connaisseur en fait de beauté ; Mathide reçut donc une invitation à la cour.

Que faire ? Le mari n'était pas invité, car il n'avait ni grade, ni dignité, ni assez de noblesse, et de plus il était richissime, qualité qui déplaisait souverainement à ses nobles supérieurs.

L'invitation fut donc refusée par la Princesse,

Cela ne fit pas l'affaire de l'autocrate.

— Quel moyen prendre, dit-il, à son intendant ?

— Il faut envoyer une invitation à M. Demidoff.

— Demidoff ! impossible, il n'a aucun titre à la cour.

— Majesté, répondit le courtisan, on dit qu'impossible n'est pas français, mais à coup sûr, j'affirme qu'il n'est pas russe, surtout dans la bouche de Votre Majesté.

Les Rois, voire même les Empereurs, aiment l'encens de la flatterie. Nicolas, étant Empereur, l'aimait comme les autres ; aussi un sourire de satisfaction porta la joie dans le cœur de son ministre.

— Il faut pourtant sauvegarder l'étiquette. Si nous envoyions à Demidoff les clefs de Chambellan ?

— Le courtisan s'inclina : Chambellan, Sire, ce serait trop, peut-être.

— Nommons-le seulement gentilhomme de la chambre, il aura les entrées à la cour, et c'est tout ce qu'il faut.

Et voilà pourquoi quelques heures après cet entretien impérial, Anatole Demidoff recevait, avec sa nomination, une invitation au bal de la cour.

Les beaux yeux de Mathilde firent sensation sur l'empereur Nicolas ; il rôdait autour de leur clarté comme un papillon au feu de la lampe ; il n'y brûla point ses ailes, parce que la Princesse y prit garde et qu'elle couvrit de sa protection le volage adorateur.

Demidoff avait tout aperçu, il se taisait pourtant et faisait bonne contenance, parce qu'il n'avait pas envie d'aller en Sibérie surveiller ses mines, par crainte de s'enrhumer sous son climat glacial.

Il était jaloux, mais il était ambitieux. Quel dommage pour lui qu'il n'ait pas su toujours se taire, il serait peut-être devenu grand de l'Empire moscovite, grand officier de tous les ordres de Russie ; il ne serait pas resté Demidoff tout court, comme un roturier qu'il était.

Mais quand on ne sait pas s'imposer des sacrifices, point de grandeurs, point de décorations. C'est élémentaire !

Demidoff était donc invité aux soirées de la cour ; sa femme recevait des invitations particulières à des bals et autres réunions intimes, où l'empereur Nicolas faisait les honneurs en personne, et dans lesquels, cela va sans dire, Demidoff n'était pas admis.

Mathilde était artiste, nous l'avons remarqué ; à ce titre, elle recevait chez elle un habile sculpteur, nommé Stepanoff. Celui-ci, qui aimait aussi les arts, étudiait les beautés de la forme sur son adorable protectrice, manière de s'instruire et de se fortifier. Demidoff, qui l'avait surpris dans cette étude plastique, se fâcha tout rouge, lui tira fortement les oreilles et le menaça même de les lui couper s'il le surprenait de nouveau à ses tendres leçons.

L'artiste se le tint pour dit. On assure pourtant que le beau modèle posa plusieurs fois encore devant lui, avec la certitude que les oreilles du sculpteur n'avaient rien à redouter.

Mais un Empereur qui possède en titre la Sibérie n'est pas si facile à congédier qu'un artiste. Il y avait bien encore un dessous de cartes : le cousin Leuchtemberg, fils du prince de Beauharnais et gendre de l'Empereur, lui causait quelques ennuis.

Tous ces accidents avaient considérablement altéré les prévenances conjugales, et, un soir que Demidoff, en proie à ses idées sombres, reprochait ses légèretés à sa volage moitié, une altercation des plus vives poussa la patience de Demidoff à bout ; il avait en main une cravache, il s'en servit, le brutal, pour labourer les belles épaules de la Madeleine, qui était loin d'être repentante. Fit-il bien ? fit-il mal ? Ne le jugeons pas, mais suivons dans sa chambre la belle éplorée, voyons sur son dos d'albâtre les marbrures rouges de sa fine peau ; elle jurait de se venger et résistait, derrière sa barricade, à toutes les instances du mari qui voulait rentrer pour lui demander d'oublier cet emportement irréfléchi.

Inutiles instances ! Nous avons, je crois, comparé l'empereur Nicolas à un papillon ; comme tel, il avait déjà papillonné vers les feux d'une autre belle, Princesse aussi, non Française, mais de Mingrelie, nommée Aba-Melech. Le Czar écouta donc sans sourciller les plaintes de son adorée de la veille ; il n'envoya pas Demidoff en Sibérie, mais il rendit la liberté à Mathilde, la déclarant séparée, par le divorce, de M. Anatole Demidoff, et condamna ce dernier à lui servir annuellement une pension de deux cent mille roubles, modique somme qui équivaut à 800,000 francs de notre monnaie.

A ce prix, Mathilde eût encore accepté des coups de canne. Elle se contenta du marché et se hâta de prendre son essor vers Paris, où elle arriva en 1845, après quatre années de guerre, — je veux dire, — de mariage.

Le Gouvernement de Juillet commençait alors à vieillir ; il était soupçonneux comme tous les gens à expérience, et cependant il n'eut point de crainte en voyant Madame Demidoff réclamer sa protection.

Il savait bien, le vieux roué, que la politique n'avait pu séduire la fugitive, et que les aspirations impérialistes produisaient en elle la même indifférence que les longues litanies des Saints.

Mathilde n'aimait qu'une chose : le plaisir. Paris le lui offrait à cœur joie, elle s'y livra sans contrôle, fréquentant le bal Mabile et la Closerie des Lilas, où elle s'adonnait à des tulipes effrénées, au grand scandale des municipaux, qui avaient ordre de lui tout permettre.

Sa gracieuse villa de Fontenay-aux-Roses était devenue le cénacle de nombreux amis, artistes, peintres, littérateurs, poètes et sculpteurs, parmi lesquels brillaient le comte de Niewkerke, toujours fidèle, toujours heureux, mais pas jaloux.

La révolution de 1848 la surprit dans cet Éden, d'où était banni tout rêve politique ; ses parents vinrent l'y trouver. Louis Napoléon fit sa connaissance, lui emprunta souvent de l'argent, et devenu, grâce à ses libéralités, Président de la République, il l'appelait à l'Élysée pour présider aux cérémonies et réceptions officielles du soir.

L'administration d'un grand pays comme la France n'est pas une sinécure ; une nuée de postulants, faisant valoir leurs services napoléoniens, s'abattirent sur l'Élysée, demandant leur part à la curée.

L'heure n'avait pas encore sonné, et pour se délasser de leurs incessantes réclamations, Louis Napoléon attendait impatiemment le soir, où il trouvait, au milieu de ses intimes, les amusements si doux à son cœur.

Le Prince était, comme on sait, grand amateur de jolies femmes. Il ne put longtemps garder son sang-froid devant sa belle cousine qui, malgré un précoce embonpoint, était encore dans tout l'éclat de sa fraîcheur. Au lieu de lui parler affaires, il lui conta fleurette ; or, ce genre de conte ne déplaît pas à la Princesse. La connaissance du cousin et de la cousine fut bientôt faite ; ils logeaient sous le même toit. L'amitié naquit ; de l'amitié à l'amour, il n'y a qu'un pas ; ce pas fut fait, et pendant quelques mois, si les deux cousins se quittaient le jour, ils se retrouvaient la nuit.

Ce qui distinguait les deux amants n'était pas la constance; ce régime de contrainte les lassa bientôt; ils reprirent d'un commun accord leur liberté, réchauffant de temps en temps leurs tendresses, avec ample liberté de recevoir à moments perdus les délaissés qui n'avaient jamais banni l'Espérance.

Miss Howard et le comte de Niewkerke se réjouirent de ce changement; c'était naturel.

CHAPITRE II

OU IL EST DÉMONTRÉ QUE LE RAPT CONDUIT AU MEURTRE.

Nous allons pour quelques instants oublier le palais de l'Élysée et nous transporter au premier étage d'un hôtel voisin. Traversons deux antichambres occupées par un domestique; à droite s'ouvre un vaste cabinet où se trouve un homme, assis sur un fauteuil, devant un immense bureau-ministre, encombré de livres et de paperasses. Nous sommes en présence de M. le comte Bacciochi, chambellan du Prince Président de la République française.

Est-il nécessaire de vous dire que tout respire le confortable et le luxe dans l'ameublement de ce cabinet?

A quoi bon! on n'est pas chambellan d'un prince... et mal logé; celui qui tient les clefs du palais et des boudoirs du maître, connaît les secrets de la cassette où l'or abonde, et l'or, à quoi peut-il servir, si ce n'est à se procurer des jouissances?

Ce personnage important était né à Ajaccio dans l'île de Corse, patrie du grand Napoléon.

La Corse, qui avait donné à la France son maître tout puissant, avait des prétentions sur les produits de sa fortune; et tous les déshérités de cette île s'étaient abattus sur notre fertile pays, demandant à s'en partager les dépouilles dans les positions le mieux rétribuées. Le menu fretin s'était contenté d'emplois moins lucratifs. Une garde secrète prise dans les rangs de ces insulaires, toute dévouée au Président, sous la conduite de chefs habiles, l'entourait d'un réseau impénétrable et exécutait, pour ses plaisirs ou pour sa sûreté, les ordres qui lui arrivaient toujours à propos.

Le comte Bacciochi parcourait rapidement une lettre, lorsque sa porte s'ouvrit et donna passage à un homme taillé en hercule, à l'œil intelligent et fier : cet homme s'inclina devant le maître.

— Je vous attendais, Carbuccio, lui dit-il; j'ai besoin de vos services pour une mission importante.

Puis, tirant un tiroir, il y prit cinq pièces de vingt francs et les remit dans les mains de l'agent : c'est un à-compte, ajouta-t-il; il y a le double si tu réussis, — et *muto*.

— Vous me connaissez, signor, que faut-il faire?

— J'ai besoin de savoir, reprit le Comte, la position

de fortune d'une dame et de sa fille qui demeurent vers le milieu de la rue de Bourgogne : il faudrait trouver le numéro ; voici d'ailleurs leur signalement.

Et il le livra par écrit au mouchard.

— Et *presto*. Il me faut la réponse dans deux jours.

Le Corse s'inclina de nouveau, serra le papier et les pièces d'or dans sa poche et sortit.

Deux jours après, à la même heure, le corse Carbuccio se présentait devant le Chambellan.

— J'ai trouvé, Monsieur le Comte, les personnes que vous désirez connaître. La dame est une institutrice nommée Madame Hérault, qui a retiré chez elle, depuis trois ans, une jeune demoiselle nommée Héléna. C'est la fille d'une de ses amies, morte à l'hôpital. Il n'y a aucune fortune ; Madame Hérault vit des leçons qu'elle donne.

Ces dames sortent tous les soirs et rentrent chez elles vers les onze heures de la nuit. Elles vont passer leur soirée dans une honnête maison bourgeoise, où la demoiselle, qui a une fort belle voix, fait de la musique. Il n'y a rien à dire sur leur compte : la dame et la fille ont une parfaite moralité.

— C'est bien, reprit le satrape ; trouve-toi ce soir, vers les dix heures, devant le palais de l'Assemblée nationale, prends un aide, tu sauras ce qu'il faudra faire ; à ce soir.

Le Président de la République venait de travailler longuement avec ses ministres ; il était par conséquent très-fatigué. Le Chambellan arrivait par une porte secrète, et s'asseyait familièrement auprès de son maître.

— Qu'y a-t-il de nouveau, Bacciochi ? Oh ! que la grandeur est chose incommode ! Quel ennui que les affaires ! Heureusement vous ne me manquez pas. Eh bien, quels sont aujourd'hui les scandales de Paris ?

— Prince, Paris s'amuse, Paris s'agite, parce qu'il n'a pas son Empereur. Laissons-le s'agiter et parlons d'une bonne fortune que je vous réserve pour cette nuit.

— Une bonne fortune ! bravo, mon ami, il y a longtemps que je la cherche ; c'est bien à vous de me l'avoir procurée.

— J'ai découvert, il y a huit jours, un véritable morceau de Roi ; je regrette, Prince, de n'être pas poète ; je vous dirais alors tous les charmes de ma trouvaille. Imaginez-vous une jeune fille, belle comme l'amour, chaste comme une Lucrèce, timide comme un faon et, avec cela, des trésors intacts. Soyez heureux, Monseigneur ; la divinité parée de fleurs sera, cette nuit, dans votre sanctuaire ; puissiez-vous oublier dans ses bras les ennuis et les tristesses du pouvoir suprême !

— Vous êtes un homme précieux, cher Comte ; j'espère plus tard reconnaître vos services. Pour le moment, vous savez que mon budget n'est pas énorme : 600 mille francs ; c'est une injure pour le Représentant de la France.

Le Comte fit sa courbette et prétexta, pour se retirer, les mesures à prendre qui devaient faciliter la réussite de son plan.

A dix heures du soir, trois hommes stationnaient devant le palais Bourbon : ils se dirigèrent par le quai, vers la rue de Belle-Chasse ; une voiture les suivait.

Deux dames qui cheminaient sans crainte dans les dédales d'une rue silencieuse furent rencontrées : les saisir, les bâillonner, les jeter dans la voiture, fut l'affaire d'un instant. Le véhicule roula, à fond de train, dans une direction inconnue; elle déposa une victime dans le bois de Boulogne ; la seconde, qui n'était autre que Mademoiselle Héléna, fut amenée par des voies dérobées en un boudoir retiré du palais de l'Élysée. Minuit, l'heure du crime, sonnait à la pendule, lorsqu'on la déposa, presque inanimée de frayeur, sur un voluptueux lit de repos.

— Où suis-je? fit-elle en ouvrant les yeux et fondant en larmes.

Elle se rendit compte alors de sa situation ; elle se voyait prisonnière dans un appartement dont la somptueuse élégance témoignait de la haute position de fortune du ravisseur. Une table luxueuse, chargée de friandises et de vins généreux, semblait offrir du confort aux appétits les plus rebelles.

Deux hommes, dont l'attitude respectueuse mit un peu de baume dans ses intimes appréhensions, troublaient par leur présence le calme et la solitude de ces lieux.

— Où suis-je donc? répéta-t-elle ; est-ce l'illusion d'un rêve?

— Calmez-vous, charmante demoiselle, vous n'êtes point en mauvaises mains, répondit un des deux estafiers.

Ici on ne verse point de larmes, le bonheur accompagne toujours celui qui franchit le seuil de cette porte.

Toutefois, il faut se soumettre, avant de l'obtenir, à une vérification que nous tâcherons de vous rendre le moins importune que possible : à ces mots, deux bras vigoureux soulevèrent la jeune fille.

Celle-ci poussa un cri et s'évanouit. A son réveil, elle était vêtue d'une légère robe de gaze, laissant deviner sous ses plis transparents les formes gracieuses de l'adolescente. Les argus présidentiels savaient maintenant qu'elle était sans taches, malgré la souillure de leur ignoble contact.

Un troisième personnage avait grossi le groupe ; c'était Louis Napoléon, Président de la République française.

Les marques de respectueuse déférence qui lui étaient accordées par les deux ravisseurs, firent comprendre à l'enfant qu'elle était en présence du maître du logis. Elle fut alors effrayée par les éclairs lubriques qui s'élançaient de ses yeux habituellement atones et ternes. Ses lèvres couperosées, respirant la luxure, s'agitaient convulsivement.

Dans ce moment de suprême abandon, Héléna s'arma de tout son courage et se précipita, demi-nue, échevelée, aux genoux de cet homme effrayant

— Grâce, Monsieur, dit-elle, je suis une pauvre orpheline qui n'ai que ma vertu pour tout bien. Conservez-la-moi, au nom de ma mère, morte de honte et de misère à l'hôpital !

— Sortez, dit le Prince aux deux bandits qui étaient dans la chambre.

Ceux-ci obéirent, sans accentuer une parole, pendant

que le maître relevait la victime qui était à ses pieds.

— Pourquoi ces pleurs et ces gémissements, enfant timide ? Ne sais-tu donc pas que je puis te rendre la plus heureuse des créatures ? Vois, je suis riche, très-riche même ; je te donnerai de l'or à pleines mains ; ton existence s'écoulera sans gêne : dès ce soir, l'abondance est dans ta demeure, car je t'aime ; j'aime ta naïve simplicité, j'aime ta jeunesse et tes charmes naissants.

Et en disant ces paroles, il l'attirait dans ses bras, dont la lascive brutalité ne connaissait plus de mesure.

A ce contact fascinateur, la jeune fille bondit comme une hyène ; ses ongles labourent la face de l'impudique séducteur.

— Laissez-moi, misérable ! je ne veux pas de votre or ; au secours !

A ce bruit, les deux gardiens se précipitent dans la chambre et saisissant par le bras cette sublime athlète :

— Que faites-vous, malheureuse, lui dit-on ; vous insultez Son Altesse le Prince Président !

— Le Prince Président ! C'est donc là Louis Bonaparte, le séducteur et le meurtrier de ma mère ! Soyez fier de votre œuvre, grand homme, vous avez devant vous la fille de Madame Gourdon... Vous êtes mon père !!

Tant d'émotions à la fois réagirent sur le cerveau de la malheureuse : elle tomba pour la seconde fois inanimée sur le parvis de l'appartement.

Le maître fit un signe et un geste convulsifs : la porte se ferma ; les deux émissaires emportaient dans leurs bras un corps sans force et sans résistance.

Quelques minutes après cette terrible déconfiture, le comte Bacciochi apparaissait.

En apercevant devant ses yeux celui qui avait causé tout ce scandale, le Prince laissa libre cours à l'explosion de sa colère ; il arpentait fiévreusement la pièce.

— Il faut avouer que vous êtes singulièrement inepte dans vos expéditions ! Avant de me lancer dans de pareilles aventures, vous devriez au moins vous assurer du consentement des volontés. Que voulez-vous qu'on dise demain à Paris, lorsque s'ébruitera cette scène impossible ?

— Prince, nous aviserons.

— Taisez-vous et laissez-moi, j'ai besoin de repos et de silence...

Cette virulente sortie produisit sur le Chambellan l'effet de la foudre ; elle l'attéra ; mais il était courtisan, et son esprit, fécond en ressources, lui avait déjà suggéré le moyen de tuer son repentir et ses remords.

Deux jours à la suite de cette catastrophe, les journaux officieux apprenaient à leurs lecteurs qu'un crime avait été commis au bois de Boulogne. Les surveillants avaient rencontré, baignant dans le sang, les corps de deux femmes, mère et fille. Ce crime, dont la convoitise paraissait avoir été le mobile, serait bientôt puni, la justice étant déjà sur la trace de leurs audacieux auteurs. Ce fut toute l'oraison funèbre de Madame Hérault et de Mademoiselle Héléna Gourdon.

Les investigations de la justice ont duré si longtemps que les coupables, aujourd'hui démasqués, peuvent invoquer sans crainte les bénéfices de la prescription, sans avoir recours aux circonstances atténuantes !.

CHAPITRE III

LE FESTIN DES DIEUX.

Le palais de la Farnesine, près de Rome, est décoré de superbes peintures, œuvre de l'immortel génie de Raphaël.

La plus belle conception du maître représente le festin des Dieux, accompagnés de leurs déesses. A cette époque, l'Olympe était passablement arriéré, paraît-il, sous le rapport du luxe; l'art élégant de draper les charmes naturels n'existait pas, ou s'il était connu, il n'était pas encore sorti des langes de la première enfance.

Ce célèbre tableau, qui après tout n'est qu'une toile peinte, possède désormais sa copie vivante. Je vous demande, lecteur, la permission de vous la faire connaître.

Je dois vous avertir pourtant que vous n'allez point assister à un festin d'immortels ; non, l'immortalité s'obtient difficilement dans notre siècle. Je vous conduis toutefois au palais de l'Élysée, rue du Faubourg-Saint-Honoré, à Paris.

Chapeau bas ! vous êtes en présence du citoyen Charles-Louis Napoléon, Président de la République, assisté de ses intimes chenapans.

L'Élysée parisien possède, comme l'Élysée mythologique, de frais ombrages, de vertes pelouses, des bois discrets, des solitudes ombreuses et des eaux dormantes qui simulent le Léthé. Tout près s'élève l'Olympe, qui n'est autre que le somptueux palais que nous connaissons tous.

Nous voici dans le sanctuaire d'où sont proscrits les profanes. Silence ! Louis Napoléon s'amuse... car il a jusqu'ici tant et tant souffert !

Voici un salon coquet qui frappe tout d'abord nos regards ébahis. Le ciel est sombre. Au dehors, une pluie fine soulève la boue et souille les trottoirs des rues de la grande ville. Ici, la nuit a disparu devant le feu de mille becs de gaz, dont la vive lumière répercutée scintille dans les glaces. Çà et là, des dressoirs dorés et merveilleusement fouillés par le ciseau de l'artiste soutiennent des flacons de vins généreux et des amas de fines porcelaines que la Chine a émaillées de ses plus vives couleurs.

Au milieu de la salle, dont le parquet est recouvert d'un moelleux tapis, se dresse une longue table, à nappe damassée, s'affaissant sous le poids des appétissantes merveilles qui la surchargent, et offrant à la convoitise des mets succulents, des fruits suaves, des fleurs et des cristaux où coulera l'aï. Des candelabres d'or, ciselés avec une adorable constance, armés de bougies odorantes, se perdent dans les bouquets de fleurs, dont les pétales s'échappent parfumés de l'orifice des vases de Sèvres, ornementés de nymphes nues et de petits amours qui les agacent.

Tout autour de cette merveilleuse table s'étalent avec faste les nouveaux dieux et les lascives déesses de l'Elysée présidentiel.

Faisons leur connaissance, et commençons par le maître de céans, le Prince Louis Napoléon. Il est au milieu; c'est juste, la place d'honneur lui revient de droit.

A ses côtés brille dans tout son éclat une jeune et belle femme; nous la connaissons : c'est Miss Howard. Elle se dorlote dans une soyeuse robe de velours noir, constellée de brillants, dont le corsage peu montant semble accuser le manque d'étoffe ; aussi elle ne voile pas suffisamment certains trésors, que la pudeur féminine ne montre pas sans crainte.

Sa tête distille le sourire; une rivière de diamants se perd dans sa blonde chevelure; l'œil étincelle, et la bouche frémissante laisse à découvert une rangée de petites perles qui feraient le désespoir des nababs de Golconde.

A sa droite siège Fialin, duc de Persigny, officieux servant de sa voisine, qui n'est autre que la séduisante princesse de la Moskowa, dont il prendra possession lorsque Jupiter voudra bien le permettre. La princesse de la Moskowa a les bras nus, les épaules nues; le nu domine dans sa toilette aurore. Elle a des prétentions à devenir déesse; elle en a déjà peut-être le port. Sa tailleuse réserve, pour le jour de l'apothéose, le complément de sa robe par trop décolletée.

A ses côtés papillonne le beau Fleury, jeune colonel de cavalerie, appelé à remplir, dans l'Olympe, le rôle de Mercure galant; il est fort occupé d'une ravissante princesse qui est à sa droite, vis-à-vis la princesse de la Moskowa. Vous avez nommé Madame de Solms, petite-fille de Lucien Bonaparte et cousine par conséquent de Son Altesse le Prince Président.

On a rarement contemplé une physionomie plus expressive, un regard plus lascif, une bouche plus mignonne et une coquetterie plus provocante. Aussi le beau Fleury, qui la surveille, lui prodigue ses attentions les plus délicates, sans s'inquiéter de chiffonner sa toilette, qui est pourtant ravissante et réduite à sa plus simple expression.

En face du Président siége la maîtresse du logis, Madame la princesse Mathilde Demidoff : son portrait est déjà esquissé. Ajoutons qu'elle porte en ce moment une robe gris perle, enrichie de valenciennes; quant au corsage, il est si petit, si mignon, si chargé de dentelles, qu'il est en éclipse totale, autant vaut dire qu'il n'en existe pas du tout; aussi, deux prisonniers grassouillets, deux bras d'albâtre, deux épaules puissantes, jouissent d'une entière liberté et se montrent sans voiles aux regards lubriques de son impérial cousin.

Le bel Adonis, comte de Niewkerke, garde pour lui l'exubérance de ces trésors, sans se plaindre de la part qui revient toujours à d'autres artistes.

Le futur surintendant des beaux-arts coudoie une beauté fantaisiste, dont on voudra bien nous permettre de tracer en passant le signalement.

La beauté dont il est question a trente-huit ans ; taille moyenne, cheveux châtain clair, front un peu bas, yeux bleus constamment cerclés d'un ton brun, nez régulier ; les narines s'enflent et se colorent en rose quand elle respire des violettes ou caresse un désir; dents parfaites, taille un peu rondelette, seins un peu bas, comme chez toutes les femmes de qualité; le reste est la perfection. Cette merveille se nomme Madame Lehon.

On assure qu'elle eut jadis en partage toutes les vertus de la jeune fille. On l'avait connue réservée, pudique et chaste, esclave enfin du foyer domestique. Mais aujourd'hui, elle est devenue si désordonnée qu'elle a besoin de beaucoup de mystère.

Les initiés savent qu'elle est née dans un vrai manoir ; sa mère était une sainte et son père un élégant mauvais sujet qui confondait dans la même estime les femmes de chambre et les marquises.

On la maria à la diable quand sa mère fut morte; et comme le mari était fort beau garçon, le vieux gentilhomme son père disait avec orgueil : Oh ! mais elle va bien la petite !

Deux ans après, elle savait parfaitement l'art de descendre par les escaliers de service, d'apparaître calme et souriante, comme si elle n'avait pas quitté la chambre, lorsque, haletante et comme enivrée, elle venait de traverser Paris dans un fiacre borgne pour porter à domicile quelque étincelle de bonheur. Un jour pourtant, il y eut éclat; elle sortait en américaine avec son mari qui alignait les rênes pendant qu'elle s'installait dans la voiture avec toutes sortes de minauderies.

Le malencontreux concierge, une brute que Madame adorait pourtant, remit deux lettres à Monsieur qui les glissa dans sa poche. Madame frémit et fut maussade ; cela se comprend.

A leur rentrée, Monsieur sonna son valet de chambre, Madame sonna sa soubrette. Un instant après le mari entra et, avec une exquise politesse, pria Madame de vouloir bien lui donner quelques explications sur une lettre qu'il lui remit.

L'explication ne fut pas sans doute satisfaisante ; le rival, c'était celui du domicile clandestin, fut bel et bien tué par le mari, lequel, pour éviter la police, fit ses malles et disparut, laissant la belle éplorée sans consolation... je me trompe, la consolation arriva sous la forme d'un duc qui s'appelait Morny. Ce consolateur à bonnes fortunes était frère utérin du Président de la République. La reine Hortense, qui s'oubliait souvent, ayant rencontré par hasard le colonel Flahaut, avait profité de l'occasion pour ajouter un nouveau fleuron à sa couronne ; c'était le duc de Morny, conçu comme Jupiter sur les moelleux coussins du même canapé !

Ce vice de naissance ne l'affligeait pas ; il s'en faisait gloire au contraire, et quand il prit des armoiries, son blason étalait un hortensia barré ; la barre, on le sait, dans le langage héraldique, désigne le bâtard. Nous pourrions bien raconter l'odyssée de ce nouvel Ulysse ; mais à quoi bon dire ses prouesses militaires et commerciales ? Qu'il nous suffise de savoir qu'il était devenu le confident nécessaire de Madame Lehon, laquelle, dans le but de le consulter plus souvent, lui avait donné tout près de son grand hôtel des Champs-Élysées une coquette demeure que les Parisiens, toujours spirituels, avaient baptisée : *la niche à fidèle.* Le fidèle était donc aux petits soins de sa protectrice, pendant qu'à ses côtés le jeune Edgard Ney mettait en ordre les boucles d'une ondoyante chevelure qui s'échappaient sur les blanches épaules d'une belle demoiselle, petite-fille du thermidorien Tallien et de Madame Cabarus.

Celle-ci, après Miss Howard et les autres déesses dont on vient de constater la présence, avaient attiré les regards bienveillants de Jupiter.

Il faut dire à son avantage que ce n'était point une vertu farouche; c'était une jolie pécheresse, alléguant humblement que Vénus, tout comme la Providence, a sans doute des voies cachées, et qu'elle suscite des êtres voués à l'éternel sourire en faveur de ceux qui sont harassés par les fatigues du pouvoir !

Étrange fascination de l'or et de la puissance, offrant sans cesse un écueil inévitable à ces deux compagnes si dignes de notre admiration : l'honneur et la vertu !

Pour ne pas trop prolonger les ennuis de cette nomenclature, nous vous dirons que dans le second plan apparaissait, à une extrémité de la table, l'illustre seigneur Bacciochi, chambellan que nous connaissons déjà, voisinant une égrillarde marquise nouvellement admise à l'Éden présidentiel.

Le nectar et l'ambroisie, apportés par de nombreux ganymèdes, circulaient de toutes parts; les convives savouraient en détail les progrès culinaires de l'industrie moderne; les coupes s'emplissaient vite et se vidaient plus vite encore, circonstance à noter pour expliquer les vifs propos qui succédèrent insensiblement aux froids gazouillements de la mise en train. Les yeux s'animaient, les joues se coloraient du plus vif incarnat, les imaginations, surexcitées par des allusions licencieuses à brûle-pourpoint, portèrent bientôt le délire au paroxysme de la frénésie.

Jupiter lançait la foudre : le sang affluait à sa tête, la parole vibrait ardente et passionnée; chose étonnante chez cet homme, car on sait qu'il est naturellement taciturne et réservé.

Il se tourna donc vers sa Miss adorée, et la dévorant d'un regard libidineux :

O ma Reine! s'écria-t-il, ne pourrais-je donc jamais placer une couronne sur ton front! — Jupiter parlait, l'Olympe écouta les paroles du maître. — J'aime tous les fruits d'or de l'arbre de l'amour, mes mains n'ont qu'à cueillir, je les étends sans cesse vers les branches, laissant couler à terre ceux que je tiens déjà. Mais ma nature est insatiable ; je voudrais, comme Caligula, que l'humanité n'eût qu'une tête de femme, non pour la faire tomber, mais pour coller mes lèvres sur sa bouche et y mourir dans un gigantesque baiser. Et le front de Jupiter s'abaissait sombre et frémissant sur les visibles appâts de sa maîtresse, cueillant çà et là des fleurs déjà presque fanées.

Mathilde Junon, qui lui faisait face, poussa un hourra d'approbation. Bravo, mon cousin! c'est ainsi que je vous aime, parce qu'avant tout, j'aime le plaisir. Ma vie n'est qu'un long rêve; on ne me connaît point. J'ai horreur du banal et du réel, j'aime les arts et les artistes, n'est-ce pas, mon gros bébé? Et en disant ces mots, elle pressait dans ses deux mains mignonnes la grosse tête de Niewkerke qu'elle embrassait convulsivement.

Les duos galants eurent alors bon train.

Mais voici qu'une nuée s'abaisse, les mystères des dieux ne doivent pas tomber sous les regards de profanes mortels !

Nous allons cependant profiter d'une éclaircie qui se fait en un tout petit coin ; le spectacle vaut la peine d'être vu : c'est la scène magique qui va nous montrer l'apothéose.

Miss Howard est debout, les cheveux en désordre, l'œil en feu ; elle tient dans sa main droite, fièrement crispée, un fin cristal où mousse l'aï frémissant :

— Mes amis, s'écrie-t-elle, je crois être l'interprète de vos sympathies en vous proposant de boire à l'Empereur. A l'Empereur Napoléon III, le restaurateur d'une glorieuse dynastie ! à l'Empereur, notre gracieux souverain !

Les convives se levaient alors, tendant leurs bras vers Hébé et poussant l'unanime cri : A Napoléon III !

— De l'audace, poursuivait la syrène, de l'audace, mon ami, et toujours de l'audace. Il en faut pour conquérir un trône, beaucoup plus que pour chiffonner nos atours. Je sais que vous n'en manquez pas : nous qui sommes vos esclaves dévouées, nous parerons votre front de couronnes de fleurs. Il vous faut savoir prendre une couronne d'or qui fait trembler les monarques, en donnant la suprême puissance dont le prestige enchaîne le cœur des plus belles.

Jupiter resplendissait ; d'un signe il ébranlait l'Olympe en acceptant ce présage qu'il espérait réaliser.

— A l'Empire, mes amis, je bois à l'Empire ! Dieu donne de longs jours à Sa Majesté Napoléon III !

Un cliquetis de coupes, un assaut de galantes entreprises, le bruit de baisers avinés, accueillirent ces paroles aux cris confus de : Vive l'Empereur !

Le temps, l'ambition et la peur facilitèrent bientôt considérablement l'œuvre des machinistes.

CHAPITRE IV

LES BESOGNEUX DU COUP D'ÉTAT.

Cicéron, aussi grand orateur que profond philosophe, étudiait, il y a dix-neuf cents ans, les dangers que doit craindre la République par les clandestines manœuvres de vulgaires ambitieux; il les classait en quatre catégories.

Ce sont d'abord, disait-il, des riches malaisés qui ne peuvent se décider à régler leurs dépenses sur leurs ressources et à liquider leurs dettes en se séparant d'un domaine. Il leur faut un château à la campagne, un hôtel à la ville, des mobiliers précieux, des valets, des chevaux, des voitures et le reste. Qui leur assurera ces satisfactions de la vanité ? Une courte guerre civile suivie de l'avénement d'un Prince.

Viennent ces autres ambitieux qui, moins esclaves des jouissances sensuelles, mais désireux d'un pouvoir qui souvent excède leurs talents, ont besoin de voir l'État troublé pour acquérir des honneurs ; ils ont des services et croient avoir de l'esprit à les vendre : la monarchie les leur achètera.

D'autres ont de la bravoure et se sont acquis par la profession des armes une fortune qui dépasse de beaucoup leurs biens héréditaires ; nés pauvres, ils ont mal supporté une élévation rapide : comme l'aristocratie qu'ils hantent, ils ont besoin de luxe. L'abîme de leurs dettes est si profond qu'il leur faut, pour ne pas y périr, ou des provinces à pressurer ou le trésor public à vider.

Ils traînent avec eux une tourbe de demi-paysans, dépensiers comme leurs chefs, mais subalternes dans leurs appétits comme dans leurs rêves de rapine, et qui se contentent d'aspirer à la licence du maraudage pendant une semaine de guerre civile ou une campagne de quelques mois à l'extérieur. Le Prince leur donnera, pensent-ils, l'une et l'autre.

Une quatrième classe est un mélange confus de misérables que l'oisiveté, le jeu, la débauche ont chargés du poids des assignations et des sentences judiciaires ; naufragés de la vie, leur asile c'est le suicide ou le renversement de l'État. Il leur plaît mieux de se risquer dans l'entreprise chanceuse d'un attentat que de mourir seuls dans un taudis.

Prince, ils sont à vous, employez leur poignard ou, s'ils sont frottés de littérature, leur plume furieuse.

Dirai-je encore qu'il est des naturels féroces, des êtres chargés de crimes, spadassins et sicaires, voués par instinct à toute œuvre infâme qui peut donner cours à leurs âpres violences ?

Est-ce tout? J'allais oublier ces hommes d'une élégance exquise, d'une complaisance infatigable dans les plaisirs, maris temporaires de toutes les impures de la haute galanterie, aimables autant qu'aimés, les poupons du boudoir, le charme et l'âme du cercle joueur et le plus sceptique. Ne croyez pas qu'ils ne puissent tour à tour nuire et servir : nuire à la nation, servir un Prétendant. Ces beaux fils, quand ils frôlent la quarantaine, sont capables de tout pour devenir quelque chose. Leurs nuits galantes seront suivies maintenant d'une nuit d'audace.

Cette nuit d'audace, le Président la préparait depuis longtemps. Le futur César travaillait à constituer son parti; il lui fallait pour cela recourir à des agents peu estimables.

Le meilleur architecte ne peut bâtir qu'avec les matériaux qu'il a sous la main (1).

L'architecte de l'Empire chercha donc ses matériaux parmi les hommes des quatre catégories cicéroniennes dont nous avons plus haut exposé les besoins. Il faut le reconnaître, les matériaux abondèrent, et dans ses moments perdus, César s'évertuait à les polir.

C'était surtout à sa table que le travail s'accomplissait après boire. Des officiers supérieurs déploraient la modique parcimonie de leurs traitements. Le Prince ne pouvait rien à leurs bruyantes récriminations : — Messieurs, leur dit-il, un conseiller d'État représentait un jour à mon oncle que la modicité de son revenu

---

(1) *Histoire de Jules César*, II, p. 9.

ne lui permettait pas de vivre magnifiquement.

L'Empereur, mon modèle et le vôtre, honora sa plainte d'un sourire flatteur et lui répondit : Faites des dettes, vos créanciers seront intéressés à soutenir mon gouvernement. C'est un bon conseil, Messieurs, je le recommande à votre perspicacité.

— C'est très-bien pensé, Monseigneur.

Et ils avalèrent, sans sourciller, une rasade de malvoisie.

Voilà, reprit l'aide-de-camp Fleury, voilà, si je ne me trompe, du socialisme de bon aloi. Nous serons tous socialistes de cette trempe. Des dettes, et qui n'en a pas, grand Dieu ! il faut être stupide et bourgeois par-dessus le marché, pour ne pas se réserver ce plaisir : les hommes *rangés* ne savent pas jouir. Quant à nous qui avons l'honneur d'avoir une bonne mère : *la France*, ne l'épargnons pas, tirons sur elle de fortes lettres de change ; elle nous aime trop et elle a trop besoin de nous pour ne pas les acquitter.

— Nous n'avons pas de châteaux à perdre, ajoute Persigny.

— Mais vous pouvez en gagner, dit finement le Prince. Je crois qu'il est à mon pouvoir de vous y aider efficacement.

— Monseigneur, laissez crier la vile multitude; elle est conduite par d'obscurs intrigants, mais nous possédons une épée..... son dévouement vous est acquis.

— Vous êtes mon plus solide appui, Messieurs; mais, comme mon oncle, je ne compte pas uniquement ni sur la religion, ni sur le serment. Qu'en pensez-vous, Messieurs ?

— La religion des prêtres, pouah, Monseigneur, il ne faut point s'y fier ; mais la religion du serment, oh ! ceci, c'est une autre affaire ; je l'accepte et j'y crois.

— Monsieur de Persigny, ajouta le Prince, vous êtes aujourd'hui bien affirmatif : il est des principes qui me guident et dont je vous recommande la solidité ; ils ont pour base l'intérêt et pour but la fortune.

— Ce sont deux choses fort enviables, répondit le duc courtisan ; mais il n'en est pas moins vrai que la religion est un frein pour le peuple, inutile aux grands et aux puissants. Le serment, la morale sont des lois de police dont use habilement le pouvoir.

Il y a tant de niais en France qui les environnent de respect ! Les Princes vraiment grands ont toujours méprisé les misérables préjugés de leur époque. Votre oncle s'est moqué des lois de sa patrie ; son génie a tout osé ; on s'est incliné devant sa gloire. Artaxercés a bravé les lois de la Grèce, et ses amis disaient à ce monarque : « C'est vous que Dieu a donné aux Perses comme la seule loi et la seule règle de ce qui est honnête, vertueux ou vicieux. » Monseigneur, méditez ces paroles ; elles sont de bon augure pour les hautes destinées qui vous attendent.

Le Prince s'inclina et tendit la main au flatteur. Ces maximes valaient bien une poignée de main. Ces destinées qui allaient bientôt s'accomplir furent l'œuvre de deux hommes dont le premier nous est déjà connu ; c'est M. le comte de Morny. Le second, nous l'appelons sur la sellette ; il s'appelle Leroy de Saint-Arnaud.

M. Leroy, sous-lieutenant de la garde royale en 1816, quitta l'armée à cette époque pour n'y rentrer qu'en 1830 ; son régiment tenait garnison à Blaye. Le général Bugeaud, qui gardait la duchesse de Berry dans la citadelle de cette ville, trouva dans le sous-lieutenant Leroy un auxiliaire intelligent, et lui confia les fonctions de geôlier. Pourquoi M. Leroy quitta-t-il encore l'armée à cette époque ? La lecture de son dossier pourrait seule fournir des renseignements utiles à ce sujet. On a dit que M. Leroy de Saint-Arnaud, devenu ministre de la guerre, n'avait pas pu retrouver ce dossier. En 1846, Saint-Arnaud obtenait le grade de colonel ; il était général de division en 1851. Le général Leroy de Saint-Arnaud a comme une légende qui n'est pas encore historique ; elle le montre exerçant vingt métiers : commis voyageur en France, comédien à Paris et à Londres, prévôt d'armes à Brigton, lancé en plein dans les hasards et dans les expédients de la vie nomade, vrai héros de la Bohême, homme d'esprit du reste, goguenard, faisant des bons mots et des calembours, bon soldat..... mais aimant passablement les femmes et les napoléons d'or.

La tragédie allait bientôt se jouer. Avant de lever la toile, le Prince Président avait distribué habilement les rôles ; les répétitions n'avaient pas manqué... Le public s'attendait à la première représentation de la pièce. Les rôles s'étudiaient à huis clos. Morny travaillait le sien au ministère de l'intérieur ; c'était le plus important. Saint-Arnaud est ministre de la guerre, c'est le principal ; son comparse qui devait exécuter ses ordres est le général Magnan.

Un mot sur cet homme. Capitaine en 1815, il passe dans la garde royale et arrive ainsi jusqu'à 1830, criblé de dettes. Pour fuir ses créanciers, il gagne la Belgique, se met à la disposition du roi Léopold qui le charge d'organiser l'armée belge. Nous le retrouvons maréchal de camp en 1840, en rapport avec le Prétendant à Boulogne, qui fait acheter son concours pour la somme de 100,000 francs. Républicain après Février, il se fait bonapartiste, et accepte en 1851 le commandement de l'armée de Paris.

La police, dont le rôle secondaire devait cependant faire réussir la pièce, fut confiée à M. de Maupas, personnage obscur, actif, ambitieux et à ce moment presque ruiné.

L'auteur mettait la dernière main à son œuvre : les répétitions donnaient des espérances. La première représentation était fixée au lendemain 2 décembre 1851. Le duc de Morny en recevait la notification officielle par l'envoi du billet dont la teneur suit :

« 1er décembre 1851.

« Ce soir, à l'Élysée, amenez Maupas, Magnan et les autres. Demain matin, nous passerons le Rubicon : tâchons de ne pas nous noyer.

» Napoléon. »

Le soir venu, il y eut à l'Élysée un dîner de réception. Le Président s'était beaucoup amusé. Après le festin, il parut dans ses salons, comme d'ordinaire, et en fit les honneurs avec le calme le plus impassible. Il y avait là des femmes qui ne s'étaient point recrutées dans le foyer béni de la famille. Elles n'avaient ni famille, ni dieux lares et ignoraient les joies paisibles et la douce satisfaction du devoir accompli. Elles avaient déserté l'intérieur domestique, qu'elles trouvaient humble et monotone, pour accepter, en échange d'une vie de concessions, mêlée de joies pures, les âpres et faux plaisirs d'une existence fiévreuse et vide. Le Prétendant se servait de leurs charmes. Il fut d'une grâce exquise, pendant toute la soirée. Vers minuit, le Prince fit un signe à M. Vieyra, nouveau chef d'état-major de la garde nationale, et lui dit assez bas pour n'être entendu que de lui :

— Colonel, vous êtes assez fort pour ne rien laisser voir d'une vive émotion sur votre visage ?

— Prince, je le crois.

— Eh bien ! c'est pour cette nuit..... Pouvez-vous m'affirmer que demain on ne battra pas le rappel ?

— Oui, Prince, si j'ai assez de monde pour porter mes ordres.

Pendant ce temps Morny, qui était initié aux projets de la nuit, papillonnait à l'Opéra-Comique, où chacun put le voir très-élégant et saluant les amis d'un geste cordial.

Pendant l'entr'acte, il alla visiter Madame Liadières dans sa loge.

— Monsieur de Morny, dit-elle, on m'affirmait tout à l'heure que le Président de la République va balayer les Chambres. Que ferez-vous ?

— Madame, répondit M. de Morny, s'il y a un coup de balai, je tâcherai de me mettre du côté du manche.

Le lendemain 2 décembre, le coup de balai était donné..... La France était stupéfaite ; le sang inondait la capitale ; les balayeurs étaient restés du côté du manche ; la pièce avait réussi ; succès complet sur toute la ligne.

Après le succès, Morny prenait la plume pour l'annoncer laconiquement au Président :

« L'ordre règne à Varsovie ; il n'y a plus de répu-
» blicains qu'à Cayenne et à Lambessa.
» Vous savez que quelques badauds se sont fait fusiller
» bêtement sur les boulevards ; ces curieux sont incor-
» rigibles ; la leçon leur profitera.
» P. S. Recommandez-moi à Magne, mon escarcelle
» est d'une maigreur désespérante : à présent nous
» avons nos aises.

(*Documents des Tuileries*). 　 » MORNY. »

Les coulisses de l'Élysée ne tardaient pas à voir se réunir les acteurs pour se prodiguer leurs communes félicitations.

Le Prince Président était en tête et se frottait les mains en signe de joie dans le groupe ; le préfet de police Maupas, le ministre de la guerre Saint-Arnaud, le commandant de l'armée de Paris Magnan, le ministre de l'intérieur Morny s'embrassent dans un baiser fraternel..... et s'écrient en se tournant vers le Prince..... Enfin c'est fini, Monseigneur, quelle chance !!

Le Prince leur tendit les mains :

— Merci, mes amis, vous n'avez pas travaillé pour un ingrat.

— Quelles angoisses ! dit de Maupas.

— Voici pour les faire oublier, répond le Prince.

Et il ouvrait un petit tiroir où débordaient entassées des liasses de billets de banque. Cinq cent mille francs à de Maupas, cinq cent mille francs à Saint-Arnaud, cinq cent mille francs à Magnan, cinq cent mille francs à Morny ; Messieurs, ce n'est qu'un à-compte.

J'ai encore en réserve deux bâtons de maréchal, vous me donnerez les états de services de vos subalternes... La France m'ouvre ses coffres pour rémunérer la vertu civique. Oh ! l'armée c'est ma force, j'ai compté sur ses chefs, ils m'ont bien servi...

Quant aux civils, j'aurai à leur donner des postes lucratifs au Sénat, car, Messieurs, je veux un Sénat à 30,000 fr. par tête et par an. J'ai des ambassades, des préfectures, un conseil d'Etat : j'inventerai des sinécures lucratives ; je ne serai pas avare, rien ne rend généreux comme le bonheur.

— Et la province, dit de Maupas, que fera-t-elle ?

— La province fera ce que nous voudrons ; si elle s'insurge, nous avons Cayenne, Noukaïva, Lambessa d'Afrique et les pontons. Ministre de la police, faites dresser les cadres dans les bans de la révolte ; ces localités ont besoin d'être peuplées ; nous enverrons d'abord l'état-major ; nous débarrasserons la France des brouillons qui troublent son repos ; une ère de bonheur se lève pour elle... elle me bénira bientôt.

Quelques jours plus tard, Magnan et Saint-Arnaud recevaient le bâton de maréchal de France.

Au colonel Fleury, écuyer de Son Altesse, échut une charge fort importante : il était devenu inspecteur des haras de France et prenait la suprême direction des harems présidentiels.

Bacciochi, grand chambellan, acceptait la mission d'inspecter les théâtres de Paris ; il avait, par ce titre, la haute-main sur tous les rats et coryphées de l'Opéra.

En confiant ces deux agréables fonctions à ces augustes personnages, l'Altesse rayonnait d'un indicible bonheur, le sourire était sur ses lèvres, il leur disait :

Les Sultans de Constantinople sont, à mon avis, d'imbéciles esclaves. Ils parquent dans une inaccessible retraite les instruments de leurs plaisirs et de leurs amours : aussi ne pressent-ils dans leurs bras que des formes stupides qui ne sont point habiles dans l'art de galvaniser des cœurs. Mon sort me paraît préférable. Je n'ai pas l'ennui de l'entourage, je n'ai que l'embarras du choix. Paris est plein de belles odalisques qui ne marchandent pas le bonheur ; ce sont des artistes en jouissances, vous les rechercherez, mes amis : vous avez crédit illimité sur les produits de Golconde et sur les mines de la Californie..... D'ailleurs la France est très-riche..... pour payer mes plaisirs et..... la gloire de son Souverain.

A peine investi de sa nouvelle dignité, le comte Bacciochi avait pris au sérieux son aventureuse mission. En parcourant les coulisses de l'Opéra, il aperçut un rat mince et fluet, mais de la race la plus vive et la plus rongeuse.

Ayant dix-sept ans à peine, elle avait déjà dévoré plusieurs héritages et travaillait à ruiner un vieillard.

Le Surintendant n'était pas obligé de savoir ces choses ; le fait est que les jambes et le reste lui convinrent tout d'abord, et il n'en chercha pas plus long. Il sut seulement son nom : on l'appelait Mademoiselle Honorine.

Elle était réellement belle, svelte, au teint rosé, la figure un peu fatiguée par des veilles précoces et une vie assez accentuée.

D'où venait-elle ? Le Surintendant ne le rechercha pas, car, sans cela, il lui eût été facile d'apprendre que son origine se perdait dans un taudis de la rue Saint-Jacques, habité par sa mère, qui, elle aussi, pendant quelque temps, avait porté diamants et dentelles, et avait fini, comme tant d'autres, par placer ses économies à l'achat d'un fonds de blanchisseuse.

Sa fille, qui n'est autre que Mademoiselle Honorine, s'était d'abord fait remarquer au Prado par ses tulipes orageuses qui lui avaient valu et le *violon*, et puis, les corrections de sa mère, montrant, en cette circonstance, que sa main, autrefois potelée, était devenue dure et calleuse à force de blanchir le linge.

Cette correction et une vocation spéciale l'avaient poussée, à l'âge de quatorze ans, dans le corps de ballet de l'Opéra ; c'est là que l'avait rencontrée le comte chambellan de Son Altesse Impériale au moment précis où elle achevait de dévorer la fortune d'un illustre vieillard.

Or, un rat qui n'a plus de pitence flaire vite un Surintendant : voilà pourquoi des rapports faciles s'établirent et conduisirent insensiblement la belle dans ses lacets.

Celui-ci lui trouva des avantages, la soumit pendant plusieurs jours à un agréable examen et la destina dès lors, après épreuves convaincantes, au maître bienveillant qu'il était chargé de servir.

Mademoiselle Honorine eut donc les honneurs de l'Élysée. La chronique assure qu'elle s'acquitta admirablement de ses galantes fonctions. Elle fit devant le Sultan des tours d'une surprenante prestesse.

Cette fois Monseigneur fut content, et le pourvoyeur des plaisirs de Son Altesse n'eut pas à subir les saillies de sa mauvaise humeur.

Sardanapale n'avait pas éprouvé de résistance. Un bracelet de diamants récompensa le rat. Le courtisan eut pour sa part un sourire de satisfaction : c'était un encouragement qui lui donnait du zèle pour son œuvre.

La liste serait longue s'il nous fallait consigner ici les noms des diverses aurores qui s'éveillèrent dans l'alcove présidentielle après avoir été conduites, sur le char de la nuit, traîné par les rapides coursiers du trop séduisant chambellan.

Toutefois, le proxénète recruteur ne fut pas toujours heureux dans ses amoureuses tentatives. Les salons de Paris, qui sont toujours au fait des aventures galantes de ceux qui gouvernent, racontaient dans l'intimité du soir un échec sous ce rapport qui ne manquait pas d'un certain sel.

Tout le monde avait applaudi un petit phénomène de grâce et de beauté qui s'épanouissait dans ses quinze printemps, sur les planches du théâtre dont M. Arsène Houssaye avait la direction.

Ce lutin, connu dans le monde des plaisirs sous le nom de Céline, faisait des prodiges dans *le Maître de Chapelle* et *le Domino noir*.

Aussi habile comédienne que chanteuse élégante, elle ravissait l'enthousiasme des spectateurs lorsqu'elle s'abandonnait au *brio* de l'inspiration sur la scène. C'était alors des frémissements et du délire : Mademoiselle Céline fascinait le parterre. Son Altesse qui assistait un jour au spectacle, éprouva, quoique blasée, une large blessure dans cette contemplation. Tout blessé cherche à guérir sa blessure, et c'est pour y verser le baume que le confident Bacciochi reçut tout pouvoir pour allécher le médecin.

Le Mercure ne fut pas, paraît-il, un habile diplomate ; il avait pourtant tout pouvoir, sans parler de l'or, des diamants et autres excitants.

Cette Mademoiselle Céline avait un père, — toutes les artistes n'ont pas ce bonheur, — elle renvoya le messager à ce père, qui se rendit après lutte, il est vrai ; mais enfin il se rendit. La fillette, qui n'était pas novice, ou plutôt qui n'était pas encore préparée, ajourna sa réponse au lendemain ; elle voulait l'adresser à l'Altesse dans sa loge, devant le public d'élite dont elle recherchait uniquement alors et les sympathies et les applaudissements.

La représentation fut splendide, la jeune artiste fut admirable de souplesse et d'entrain.

Au dernier acte, elle s'avance sur l'avant-scène, fait un salut gracieux vers la loge présidentielle, et chante de sa voix fraîche ce vieillot refrain :

> Je ne saurais ;
> Je suis encor trop jeunette,
> Car j'en mourrais.

Un tonnerre d'applaudissements, accompagné d'un trépignement d'enthousiasme, envahit la salle qui avait compris la spirituelle allusion. On rappela l'artiste. L'artiste s'était envolée, non sur les traces de son suranné corsaire qui était sorti promptement dépité et désappointé.

Malheureusement, Mademoiselle Céline ne fut pas toujours aussi sage... Elle passa le Rubicon... et tomba plus tard dans les piéges de César.

César, souvent heureux dans le monde des coulisses, voulut se dédommager de ce mépris auprès d'une belle chanteuse de l'Opéra-Comique, qui entraînait tout Paris dans sa charmante interprétation du *Bijou perdu*.

Madame Cabel, femme ravissante, produisait sur la scène la plus unanime admiration. C'était le port d'une déesse gracieuse, redisant avec un sentiment exquis de délicatesse les plaintes et les ardeurs de *Galathée*.

Le talent de cette artiste d'élite avait déjà fait impression sur le cœur du Prince Président.

Il désira ardemment cueillir le fruit de cet arbre de science qui lui paraissait dans toute l'exubérance de sa fraîcheur. Aussi son émissaire galant avait reçu des ordres... Ils furent fidèlement transmis à qui de droit.

Un billet venait trouver la comédienne le lendemain au milieu de sa toilette du matin. On lui demandait un instant d'entretien dans le cabinet de la rue du Faubourg-Saint-Honoré, chez M. le comte Bacciochi, grand chambellan de Monseigneur le Prince Président.

Madame Cabel était honnête, elle comprit, et se contenta de faire la réponse suivante, qui désappointa particulièrement le diligent pourvoyeur :

« Monsieur,

» Ma modeste position ne me permet pas de fréquenter les antichambres des chambellans. Mon temps est consacré à l'étude de l'art. Je me reprocherais la perte d'une minute en dehors de cette étude qui fait mon unique bonheur. Mon sort me procure des jouissances intérieures que je ne rencontrerais pas certainement ailleurs. J'ai ma famille que j'aime, je suis heureuse des joies que j'y trouve ; pour rien au monde, je ne saurais oublier mes devoirs.

» Marie CABEL, *artiste de l'Opéra-Comique.* »

C'était raide... Le courtisan intéressé ne sut cacher son dépit ; il froissa convulsivement le billet et dit tout bas : encore une vertu qui fait la prude. Elle se rendrait bien à discrétion si je voulais y mettre un haut prix. Elle n'en vaut pas la peine. La marchandise n'est pas rare, nous nous adresserons ailleurs !

Il s'adressa donc ailleurs, et comme si le sort eût pris à cœur de déjouer sa présomptueuse assurance, il jeta son dévolu sur une brillante étoile du Théâtre-Français, Mademoiselle de Brohan.

La fée qui avait présidé à sa naissance ne l'avait pas traitée en parcimonieuse marâtre. Elle lui avait prodigué tous les dons qui séduisent les multitudes : la grâce, le talent, la beauté, j'allais presque dire la perfection ; mais ce qui rehaussait encore ces qualités enviables, c'était les douces aspirations d'un cœur d'élite, commandant le respect et la sympathie à ceux qui avaient le bonheur de l'approcher.

Le Théâtre-Français était fier, à juste titre, de sa pensionnaire. Elle entraînait par les vives saillies de son esprit, elle était éloquente dans des rôles qui émotionnent profondément les foules, elle portait au comble l'enthousiasme et arrachait par son talent et son délire ce frémissement approbateur qui est toujours acquis à l'artiste de mérite.

Son Altesse le Prince Président avait frémi et pleuré devant elle. Sa beauté avait fait impression sur ses sens débilités, et le désir d'en posséder les charmes en tête à tête l'avait poussé à lui faire connaître ses princières émotions.

La belle et séduisante tragédienne ne vendait pas ses faveurs. Aucun prix ne put les acheter ; sa dignité tint bon. César en fut pour ses frais d'avances, et dut se résoudre à dévorer en secret la honte de sa défaite et le remords de sa mauvaise intention.

Il lui restait pourtant l'hôtel de la rue du Cirque, où Miss Howard lui procurait de joyeux passe-temps. Mais, chose triste à reconnaître, le cœur humain est ainsi fait, le plaisir n'a plus de saveur lorsqu'il dégénère en habitude ; le fruit le plus exquis rassasie dès qu'il abonde.

On aime le changement parce qu'il n'y a plus de jouissance à la possession continuelle des mêmes sensations.

Miss Howard ne pouvait entièrement fixer le volage ; il avait épuisé jusqu'à la lie avec elle le calice de ses douceurs ; il la délaissait donc, mais il lui revenait de temps en temps pour se dédommager auprès d'elle des échecs qu'il avait dû subir devant quelques forteresses imprenables.

Il faut dire qu'il songeait déjà à lui créer une position sortable. Un Roi de France avait bien pu faire de ses maîtresses une marquise de Pompadour et une duchesse d'Etioles ; pourquoi le futur Empereur ne suivrait pas un aussi noble précédent ?

Miss Howard était donc destinée à devenir comtesse.

Quant à Younc Fritz-Roi, il hésita longtemps sur son sort ; il s'était d'abord arrêté à la pensée d'en faire un grand quelconque, un duc ou un baron de son Empire... Mais, soit crainte de quelques révélations peu avouables, soit dépit, il profita des commissions militaires qui fonctionnaient activement sur tout le territoire de la République pour créer une mauvaise affaire à son ancien associé. Fritz-Roi fut ruiné, poursuivi sans relâche. Il fut heureux de prendre passage au Hâvre sur un navire partant pour la Syrie... mais il trouva en Angleterre un port à l'abri du naufrage.

Cependant le Dictateur poursuivait son œuvre de despotisme.

Les victimes de la proscription s'entassaient en foule dans les prisons, les forteresses et les pontons. Morny était l'âme de cette sanglante hécatombe. Granier de

Cassagnac trouva sous sa plume facile des louanges pour la glorifier.

Le Prince y avait rencontré l'occasion de passe-temps galants qui faillirent un jour lui coûter cher.

Le cœur d'un tyran possède une structure toute particulière. La souffrance d'autrui le touche peu. Ce qu'il ambitionne, c'est son plaisir ou son intérêt, car, en frappant un malheureux, il ne songe pas qu'il frappe du même coup toute une famille, une femme, des enfants et quelquefois l'aïeule.

L'Altesse Napoléonienne ne reculait pas! L'exil, le bannissement, la déportation, tombaient dru comme grêle; il signait le rapport et tout était dit. Sardanapale s'endormait sur des fleurs et n'entendait pas les gémissements de la foule.

La foule cependant l'entourait, alors que, monté sur son superbe cheval de bataille, il daignait faire sa promenade aux Champs-Elysées; des femmes éplorées s'en détachaient toujours, malgré la vigilante brutalité des Argus policiers, et remettaient dans une humble posture à l'Altesse souriante des placets demandant grâce pour un père ou pour un époux violemment enlevés.

L'on dit qu'Orphée, aux accents de sa lyre, avait le don d'apitoyer les bêtes féroces. Des femmes qui pleuraient pouvaient bien espérer d'attendrir un Président. Une surtout parut un jour produire cet effet sur son âme; elle était jeune et belle, elle était respectueusement inclinée tendant un pli cacheté que le Dictateur s'empressa d'accepter gracieusement. Le lendemain, la dame inconnue recevait à domicile avis que le Prince serait heureux de s'entretenir avec elle à son cabinet de l'Élysée.

La pétitionnaire, vêtue de longs habits de deuil, s'acheminait en toute confiance vers l'homme qui pouvait tout en ce moment. Elle trouva bon accueil dans les antichambres et fut introduite par un aide-de-camp de service, qui n'était autre que Fleury, dans le boudoir du Prince sybarite.

Sa première impulsion la poussa à ses pieds. Elle leva vers lui des yeux mouillés de larmes et lui montra à découvert sa belle tête dans toute l'expression de son intime désespoir.

— Monseigneur, dit-elle, veuillez excuser la hardiesse d'une femme désolée qui vient implorer la vie de ses enfants et le salut de leur père.

— Que faites-vous, Madame, répondit amicalement le Prince, vous à mes pieds, relevez-vous de grâce, Madame, je ne puis consentir à vous écouter plus longtemps dans cette humiliante position.

En disant ces paroles, il soulevait avec une bienveillance affectée la belle suppliante et l'invitait à s'asseoir à ses côtés sur les coussins d'une luxueuse ottomane, et comme pour lui donner le temps de se remettre, il ajouta :

— Les nécessités de l'Etat m'imposent, Madame, de tristes et rigoureux devoirs. Toutefois, je suis heureux en cette circonstance du droit que me laisse une de mes plus grandes prérogatives : je puis pardonner. Le pardon sera sur mes lèvres, surtout lorsque j'aurai à en faire bénéficier une aussi charmante femme que celle que j'ai le plaisir d'avoir devant mes yeux.

— Monseigneur, je suis on ne peut plus flattée des dispositions bienveillantes dont vous venez de m'honorer. C'est un bon augure pour mon pauvre mari, dont le crime n'est pas énorme et qui aurait dû, s'il avait suivi mes conseils, cultiver les arts où il trouvera, je l'espère, la gloire et la fortune. Un moment d'exaltation l'a poussé à sortir de sa sphère. On l'a représenté comme un homme dangereux... Il a été condamné sans jugement à la déportation.

Vous serez plus équitable, Monseigneur, et en reconnaissant son innocence vous rendrez un père à deux enfants et un soutien à sa malheureuse femme. Vous pourrez compter sur notre éternelle reconnaissance.

— J'y compte d'autant plus, Madame, qu'il ne tient qu'à vous de m'en faire goûter à l'instant les douces prémisses. Vous avez touché mon cœur, et du jour où je vous ai vu suppliante, j'ai conçu un doux sentiment que je désire ardemment voir partager par l'objet de ma vive affection.

Et ses yeux rayonnant de luxure s'animèrent d'une infernale lucidité. Il convoitait l'abandon de cette belle personne qu'il croyait à sa merci.

— Le sort de votre intéressante famille, ajouta-t-il, est désormais assuré. Quant à vous, Madame, un crédit illimité vous est ouvert sur ma cassette ; ne craignez pas d'y puiser largement et souvent.

La belle suppliante devenait pourpre, ses yeux s'injectaient de sang ; elle regardait dans l'ébahissement de la stupeur cet être immoral qui marchandait ses pardons au prix de ce qu'elle estimait le plus sur la terre : sa dignité. Il entreprenait déjà l'abus de ses forces contre sa faiblesse en essayant de la faire consentir par des tentatives lubriques qui commençaient à alarmer sa pudeur.

A ce contact audacieux elle s'était redressée comme éperdue...

— Que faites-vous, Monseigneur, s'écria-t-elle, respectez une malheureuse femme. Épargnez-vous le remords et n'abusez pas, de grâce, de ma douleur et de ma tendresse. Je suis née dans l'obscurité, il est vrai, mais je suis honnête femme et mère honorée dans ma famille. Ce n'est point ici que je dois laisser mon honneur ; vous en êtes le gardien, Prince, et souvenez-vous que vous venez de me promettre le bonheur de mes deux enfants et le salut de leur père.

Un homme ordinaire eût peut-être été désarmé devant l'expression d'une aussi magnanime confiance ; mais Sardanapale était plus qu'un homme ordinaire ; c'est pourquoi il crut devoir ajouter d'un ton assez dégagé :

— Tu serais donc une prude, ma belle ! Je ne suis pas fâché de rencontrer ce nouveau phénomène. J'aime à voir à nu la vertu... Oh... mais tu serais donc ingrate, ma biche... Tu veux que je me montre généreux... Ce n'est pas possible... Tu donnes... je donne... pas de milieu .. c'est entendu, n'est-ce pas ?

Et sur cette question on ne peut plus impertinente, il la saisit dans ses bras, approche ses lèvres des lèvres de la jeune femme qui détourne violemment sa tête, en faisant un effort surhumain, pour échapper à l'étreinte convulsive annonçant le dernier assaut de la violence.

Un mouvement rapide, inspiré par un sentiment de défense naturelle, lui rend sa liberté ; elle en profite pour se saisir d'un poignard étalé sur la table du cabinet, et le montrant avec indignation au séducteur haletant qui n'a pu assouvir sa convoitise brutale :

— Vous n'êtes qu'un misérable, s'écrie-t-elle avec colère, faites un pas et ce fer va me venger... Non, je ne serai jamais assez lâche pour me livrer au bourreau de mes enfants et d'accepter une souillure éternelle en échange de la liberté de mon malheureux mari.

La position devenait on ne peut plus tendue. L'indignation donnait un nouveau courage à la résistance ; la lame brillait acérée dans les mains crispées de la jeune femme.

Le Prince eut peur... et il appela.

Un émissaire avait ouvert la porte ; on s'empressa de désarmer la dame, qui tomba inanimée au milieu d'une aussi vive émotion.

Paris, frondeur et peu discret, racontait le lendemain la nouvelle, mais à huis-clos. La presse ne parlait plus depuis quelque temps ; lorsqu'elle entretenait le public sur les actes du Président, c'était pour annoncer ce genre d'informations que donnait le *Moniteur* :

« Le Prince Président de la République ne pouvant,
» dans l'intérêt de la paix publique, céder aux sollicita-
» tions de son cœur, toujours porté à la clémence, *ne*
» *recevra plus désormais les femmes des détenus.* »

Tartufe reprenait le masque, et l'artiste innocent, mari de la rebelle sollicieuse, allait mourir en Afrique sous le climat dévorant de Lambessa.

LIVRE III

L'EMPIRE

CHAPITRE PREMIER

LA CURÉE AUX TUILERIES AVANT LA COMÉDIE MATRIMONIALE.

L'esprit humain est ordinairement surpris lorsqu'il mesure la petitesse de l'homme et la grandeur du résultat accompli. Il éprouve alors le besoin d'analyser l'aventure et l'aventurier. Ce travail de décomposition accompli, il regarde au fond de l'alambic; il y trouve trois éléments : la ruse, l'argent et la peur.

Ces trois agents, habilement distribués, ont conduit le Prince Président aux Tuileries, objet de tous ses rêves. Le palais de Saint-Cloud a tressailli : nous avons un maître ; les acclamations de quelques vieillards cacochymes, payés 30 mille francs par tête et par an, ont salué Sa Majesté Impériale.

La France a un second Empereur qui se fait appeler Napolépn III.

Napoléon III s'installe aux Tuileries avec tous les grands de sa trempe.

Il y a un grand-chambellan, Bacciochi.

Il y a un grand-aumônier, Sibour.

Il y a un grand-veneur, Magnan.

Il y a un grand-écuyer, Fleury.

Il y a enfin tout un essaim de fonctions qui s'accolent au qualificatif grand, pour prouver au monde que tout est relevé sous cette majestueuse officine.

Le titre de Grand était ainsi une excellente sinécure qui donnait droit de puiser plus avantageusement au budget ; le moindre Grand se payait 100 mille francs, en dehors des autres traitements plus magnifiques encore.

La part du parvenu n'était pas la moins belle : le Grand des Grands empochait trente-six millions par an (1).

Aussi cette position inespérée lui fit-elle éprouver le besoin de se ranger. Dès ce jour, Sa Majesté toute puissante caressa le naturel désir de fonder sur des bases durables le siége de sa dynastie. Du désir à l'acte chez les hommes qui peuvent tout, il n'y a pas l'épaisseur d'un cheveu, et c'est pourquoi l'acte fut résolu.

---

(1) La Cour et son Empereur ont coûté à la France 794 millions de francs. *(Note de l'Editeur)*.

Or, une dynastie ne se base pas sans héritier légitime. Des héritiers, il n'en manquait pas; on sait bien qu'il lui eût été facile de se procurer cet élément nécessaire du fondement.

Le sang de l'illustre tige circulait en de nombreux rejetons s'épanouissant, inconnus et délaissés, sur les fertiles champs de la Suisse, de l'Allemagne et de l'Italie, et d'ailleurs Miss Howard pouvait offrir trois fruits, éclos dans le jardin des Hespérides. Mais ces fruits-là, trop précoces, ne valent rien pour une dynastie. Il faut absolument se résoudre à en cueillir d'une autre espèce; et Sa Majesté, acceptant la résolution, se mit à feuilleter des pages de l'*Almanach de Gotha*, afin d'y trouver une branche princière à hanter sur l'impériale souche des Napoléonides. Il cherchait, ne songeant nullement alors à transformer un mariage de convenance en un mariage d'inclination.

Le roi Louis XIV aimait, dit-on, passionnément à jouer la comédie au milieu des grands seigneurs de sa cour. Ceux-ci acceptaient les rôles subalternes et abandonnaient au Roi-Soleil celui de principal personnage.

Napoléon III, s'appliquant à singer les grands hommes et surtout les grands rois, voulut aussi jouer sa pièce. Il est vrai que Molière était déjà mort depuis longtemps; et en fait de grands seigneurs on ne pouvait guère compter que sur les vulgaires comparses des Tuileries.

Sa pièce de comédie n'en fut pas moins mise à l'étude et admirablement jouée à la salle du Trône.

Nos lecteurs liront avec plaisir le premier acte.

PERSONNAGES :

1º L'Empereur Napoléon III, vieux garçon à marier;

2º L'ex-roi de Westphalie, Jérôme, dit *Loustic*, oncle de Sa Majesté, grand coureur de brelans et de grisettes, vieux débauché septuagénaire et... comment dire? Dites le mot, car voici le fait :

Le roi Jérôme, le général Saint-Arnaud, le colonel Cornemuse virent un jour, étalés sur la table du cabinet de Sa Majesté, une liasse de billets signés Garat; il y en avait pour cinq cent mille francs. Ces billets s'éclipsèrent en cette conjoncture. Le lendemain, Sa Majesté racontait le phénomène devant les trois confidents que dessus. De là grand tumulte et le reste.

Cornemuse, qui ne s'amusait pas du tout malgré sa corne, élève la voix en forme d'exorde :

— Il n'y a que Saint-Arnaud ou moi qui... Or, j'affirme sur l'honneur que ce n'est pas moi, donc... Concluez, lecteur.

Saint-Arnaud a déjà conclu en passant son épée à travers le corps du malheureux colonel, qui tomba pour ne plus se relever.

Cependant Saint-Arnaud n'avait pas touché aux billets : ils s'étaient cachés dans le pourpoint du roi Jérôme, et Cornemuse, qui ne pouvait pas soupçonner cet escamotage, était mort..... d'une attaque d'apoplexie dans le cabinet de l'Empereur; c'est du moins cette version que les journaux officiels servirent au public le lendemain

Après cela, appliquez au roi Jérôme l'épithète qui lui convient.

3° LE PRINCE JÉRÔME DIT PLONPLON, républicain à l'eau de rose, colifichet bien choyé dans le quartier Breda, dévot à Lorette, courageux devant les femmes désarmées, ennemi de la vue du sang, du bruit du canon et généralement de tout ce qui sent la poudre, cousin et aspirant à la succession impériale de Sa Majesté.

4° LA PRINCESSE MATHILDE DEMIDOFF, fille du roi Jérôme, sœur du prince Plonplon, cousine et..... gouvernante particulière du ménage impérial.

4° SON ALTESSE LE PRINCE MURAT, fils de Joachim du même nom, ex-roi de Naples, traître (le roi de Naples s'entend), ayant porté les armes contre la France, le fils récemment débarqué d'Amérique afin d'ajouter une nouvelle étoile à la constellation napoléonienne.

6° LE DUC DE MORNY, frère adultérin de Sa Majesté, ancien industriel ruiné, enrichi par le coup de Jarnac, ministre de l'intérieur, futur président du Corps législatif, confident intime de l'Empereur.

7° LE DUC DE WALESKI, fruit de Wagram, cueilli par Napoléon le Grand sur une belle Polonaise, sénateur, ambassadeur, ministre, confident intime de l'Empereur.

8° SAINT-ARNAUD ET MAGNAN, portant le bâton de maréchal pour soutenir leurs pas chancelants, débarrassés de leurs dettes criardes, exécuteurs émérites sans contrôle des hautes œuvres impériales.

9° FLEURY ET BACCIOCHI, écuyers et chambellans, pourvoyeurs affiliés aux mystères de l'alcôve, fins connaisseurs en vertus faciles et en vestales dégommées, directeurs des limiers composant le chenil de Compiègne.

La scène est au palais des Tuileries. Au milieu d'une salle splendidement illuminée s'élève une table couverte d'un tapis de velours vert parsemé d'abeilles. — Un fauteuil, au dossier enrichi d'un grand *N* sur lequel s'assit autrefois Napoléon Ier, engouffre le second qui veut adopter le numéro trois. — A sa droite et à sa gauche se prélassent dans des fauteuils à *N* et selon leur sang les divers personnages qui ont été désignés plus haut. — Le fond de la salle du Trône, tapissée de velours vert constellé d'abeilles — La toile se lève.

L'EMPEREUR NAPOLÉON III.

Messieurs,

La Providence, à l'aide de votre concours intelligent, m'a conduit sur le trône illustré par les gloires et l'immortel génie de mon oncle, le grand Napoléon. Son héritage, recueilli après de si cruelles vicissitudes, m'impose de grands devoirs à remplir, et j'ai la ferme résolution d'être toujours à la hauteur de ma sublime tâche.

Mais un homme, si puissant qu'il soit, ne peut faire dans le présent tout le bien qu'il convoite. Sa vie n'y suffit pas, il faut donc qu'il en prépare la réalisation pour l'avenir et qu'il laisse à son successeur les moyens de continuer son œuvre gigantesque ; or, je n'ai point d'héritier direct.

LE PRINCE JÉROME NAPOLÉON (*à part en passant la main sur son front, il la laisse glisser le long de son nez en caressant sa moustache*).

Farceur, va ! on t'en donnera des héritiers directs.....
Des nèfles

SA MAJESTÉ (*continuant*).

Je sais bien que ma race est indestructible ! Une ligne collatérale, noblement représentée en la personne de mon illustre cousin, saurait certainement, après moi, consolider les bases de l'édifice, et relever la société si profondément ébranlée de nos jours par les passions ardentes des révolutionnaires ne vivant que de troubles publics.

Mais un enfant élevé au milieu des grandeurs du second Empire en étudiera, du sein de ses splendeurs, les naturels ressorts, et sera plus apte à perfectionner le rouage lorsque le temps sera venu de lui confier la direction des affaires publiques.

J'ai donc pensé, Messieurs, à cet enfant de mes rêves, qui demande pour voir le jour UNE IMPÉRATRICE. Certes, la dignité est assez haute pour tenter les convoitises de n'importe quelle Princesse de l'Europe. Mon choix n'est pas encore fixé : vos lumières me seront d'un grand secours en cette solennelle occurrence. Je vous ai réunis en famille, afin de vous laisser toute latitude pour exposer librement vos opinions.

L'EX-ROI JÉRÔME LOUSTIC.

J'applaudis de tout mon cœur aux nobles sentiments que Votre Majesté vient de nous exprimer avec tant de franchise. Mais, mon cher neveu, vous n'avez peut-être pas suffisamment pesé les difficultés que nous allons avoir à surmonter.

Il ne faut pas seulement trouver une femme, la chose en soi n'est pas très-difficile, mais pour la couche légitime d'un Napoléon, il faut une Princesse pur sang, quelque chose comme une archiduchesse d'Autriche. Mon frère, dans tout l'éclat de ses triomphes, a eu toutes les peines du monde à se la procurer et.....

L'EMPEREUR NAPOÉON III.

Je vous arrête, mon oncle, vous ne vous faites peut-être pas idée de notre puissance et de mon ascendant. Je n'ai qu'à frapper du pied, et l'Europe sera à ma merci. Notre nom n'est pas aimé des potentats, je le sais, mais il les fait trembler tous.

Pas un Souverain n'osera me refuser l'alliance du sang ; je peux choisir donc ; la difficulté, c'est de me faire connaître la bonne porte.

L'EX-ROI JÉRÔME LOUSTIC.

Toutes les portes sont bonnes lorsque le sang est vraiment royal ; je dois vous dire, mon neveu, que depuis longtemps je sonde le terrain, et si mes renseignements sont exacts, il ne faut frapper ni à la porte de la Russie ni à celle de l'Autriche ; on pourrait ne pas répondre ou nous faire attendre trop longtemps.

SAINT-ARNAUD ET MAGNAN.

Il est des portes qui ne peuvent pas toujours rester fermées quand on possède des canons ! Personne n'a envie de s'y frotter. Nous connaissons le chemin qui mène à Vienne et à Berlin. Nous étudierons, s'il le faut, celui de Saint-Pétersbourg.

LA PRINCESSE MATHILDE DEMIDOFF.

Voilà des sentiments belliqueux qui m'amusent. Vraiment, vous allez tout mitrailler pour une Princesse..... Bah, laissez l'Autriche et la Russie, venez en Espagne, où le Roi a une sœur à marier.....

LE DUC DE WALESKI.

Oh ! pour celle-ci Sa Majesté votera contre, à cause de sa laideur qui est repoussante.

L'ÉCUYER FLEURY.

Qu'importe ! une Impératrice n'est pas une maîtresse..... La première est chargée de donner un héritier..... La maîtresse reste toujours..... fidèle à ses fonctions : elle spiritualise le plaisir !

LE CHAMBELLAN BACCHIOCHI (*majestueusement*).

L'exemple de nos Rois de France démontre dans la pratique la justesse de cette observation : Napoléon le Grand, quoique très-réservé à cet égard, n'a pas toujours cherché auprès de Marie-Louise des distractions qu'il rencontrait ailleurs avec moins de contrainte et de sévérité.

LE PRINCE NAPOLÉON PLONPLON (*à part*).

Quels effrontés coquins ! On t'en réserve des Princesses. A d'autres.

LA PRINCESSE MATHILDE DEMIDOFF.

Je ne tiens pas, au reste, à ma Princesse, sœur du roi d'Espagne..... non pas précisément parce qu'elle est laide, mais à cause de l'inquisition : je n'aime pas les inquisiteurs. Mon impérial cousin ne doit pas les aimer davantage. Cela ne ferait peut-être pas notre affaire.

De l'Espagne passons au Portugal.

L'EMPEREUR (*interrompant*):

Oh ! le Portugal, c'est un trop petit Etat; il faut viser plus haut, ma chère cousine.

LE DUC DE MORNY.

Il me semble, Sire, que la question tend à se déplacer ; permettez-moi, Messieurs, de la ramener à son point de départ. Les considérations que j'ai l'honneur de soumettre à votre expérience fixeront, je l'espère, les hésitations de Sa Majesté.

Un Prince à marier doit rechercher trois qualités dans la personne qu'il aspire à faire la compagne de sa gloire et de sa vie, ce sont : la naissance, la fortune et la beauté. Parmi ces trois qualités, toutes n'ont pas la même importance, deux quelquefois suffisent, une est indispensable, mais les trois réunies constituent la perfection. Il faut d'abord la naissance, c'est-à-dire le sang royal. Les peuples honorent toujours le sang royal, même quand ils ne l'aiment pas. La beauté me paraît également nécessaire, mais sous un autre point de vue.

Il y a dans la beauté physique une telle puissance de fascination qu'on doit absolument la rencontrer en la Souveraine qui, par la nature de sa position, est plus souvent en rapport avec le monde élégant dans les réceptions officielles. Le port majestueux d'une belle Princesse séduit toujours, même les plus récalcitrants. La naissance et la beauté sont donc les deux qualités essentielles à trouver réunies dans la même personnalité. Or, Messieurs, je connais une Princesse accomplie qui les possède. L'Empereur peut sans crainte l'accepter pour sa compagne; la France saluera une belle et noble Impératrice.

L'EMPEREUR NAPOLÉON III.

Vous êtes un homme de ressources, cher Duc, la raison parle par votre bouche. Cependant il ne faut pas mettre la fortune à l'arrière-plan. Je sais bien que la France n'a pas besoin de dot pour sa Souveraine. Mais la France doit s'appuyer, pour l'accomplissement de sa mission civilisatrice, sur une alliance respectable. Un Etat qui n'a pas d'argent à donner et d'apanages à promettre, n'offre pas à cet égard toutes les garanties désirables.

LE DUC DE MORNY.

D'accord, mais ici ce n'est pas le cas; la famille princière dont je parle n'a pas de fortune, il est vrai, mais elle est très-bien apparentée dans les premières maisons royales de l'Europe.

Je vous présente donc, Sire, la belle princesse Caroline Wasa, petite-fille du roi de Suède.

Voici, au reste, un médaillon où est renfermé le portrait de ma protégée; il vous sera facile de reconnaître que je n'ai rien exagéré en vous faisant son éloge.

Le médaillon passe devant les yeux de Sa Majesté, qui trouve le portrait ravissant; après l'avoir admiré, il le fait passer à ses conseillers qui sont unanimes dans leurs louanges.

LE PRINCE MURAT.

L'alliance d'un Napoléon avec l'ancienne famille de Suède assure à notre dynastie tout un avenir de prospérité.

Je ne m'attache pas ici à vous vanter les qualités d'une Princesse accomplie, que j'ai connue par l'entremise de notre chère tante, la grande duchesse Stéphanie de Bade.

Au point de vue politique, cette alliance ne réveillera pas les haines assoupies des potentats de l'Europe, qui s'effraient toujours à tort de la prospérité et de la puissance d'un Napoléon.

La princesse Caroline n'agrandit pas notre territoire; elle ne nous promet pas un contingent de soldats en cas de guerre; elle ne peut donc exciter les susceptibilités des autres puissances qui nous craignent.

La France n'y gagne rien matériellement, mais elle adopte une belle et gracieuse Impératrice qui fera le charme de son époux et le bonheur de ses sujets.

L'EMPEREUR NAPOLÉON III.

Je me range à ce dernier parti, avec d'autant plus de plaisir que le duc de Morny se chargera de cette négociation. Nous pourrons faire sonder le terrain dans les principales puissances de l'Europe. C'est l'affaire de la diplomatie. Lorsque le moment sera venu, nous apprendrons au monde le nom de celle qui aura l'honneur de siéger à mes côtés sur le trône de mes ancêtres.

TOUT LE CONSEIL EN CHOEUR.

Magister dixit, nous opinons tous dans le même bonnet.

LE PRINCE NAPOLÉON PLONPLON (*à part, en toussant*).

Rien que ça, une Princesse ! tu ne l'auras pas, gredin.

Le président lève la séance, et la toile tombe, nous laissant les ennuis d'un entr'acte qui va durer quelques mois.

CHAPITRE II

UN ÉCHEC DIPLOMATIQUE DANS LA RECHERCHE D'UNE PRINCESSE.

Cependant les coulissiers ne perdirent pas leur temps.

Les trésors de la France avaient contribué aux préparatifs de la liste civile.

Sa Majesté recevait 36 millions par an; 5 millions furent, par an aussi, alloués aux membres de son auguste famille.

Mathilde Demidoff se retira dans son ravissant hôtel de la rue de Courcelles, en ajoutant aux deux cent mille roubles de pension que lui servait annuellement son mari nominal, un million cinq cent mille francs auxquels lui donnait droit désormais son titre de Princesse impériale.

Pendant ce temps d'arrêt, les diplomates sondaient les cabinets, faisant miroiter à leurs ambitieuses convoitises les gerbes d'or et l'éclat de l'hôte des Tuileries.

La Russie ne se laisse pas entraîner par le mirage de la séduction.

La Princesse que Nicolas tenait en réserve ne saurait s'habituer aux us et marivaudages de la nouvelle Cour; sa santé étant délicate, on craignait des accidents occasionnés par un changement de climat.

L'Autriche n'accepta pas plus facilement les avances.

On allégua tant de raisons, — les diplomates n'en manquent jamais, — qu'il fallut enfin se décider et tenter le dernier effort sur la princière production de la Suède.

Cette adorable fiancée, en espérance du moins, habitait Mannheim, dans le palais d'une cousine de l'Empereur, grande-duchesse de Bade, avec son père déjà vieux, lequel était fils du roi Gustave, qui occupait le trône de Suède avant que le maréchal Bernadotte vînt le remplacer.

Ses sujets, qui pendant longtemps avaient supporté sans trop se plaindre les fantaisies plus ou moins tyranniques de leur auguste souverain, finirent, de guerre lasse, par perdre patience, et un beau jour ils lui signifièrent d'avoir à emballer ses pénates et de les transporter sous un autre climat.

Gustave n'était pas précisément de cet avis; il résista donc, mais en vain. Quand on ne peut pas s'attacher les cœurs, il n'y a qu'un parti à prendre; Gustave le prit, et s'en alla de Suède. Bernadotte trouva la place bonne, s'en empara et régna à son tour sous le nom de Charles Jean.

Gustave avait un fils, avons-nous dit, qui, pour occuper ses loisirs, accepta les épaulettes de général dans l'armée autrichienne, pendant que son malheureux père se laissait mourir en Suisse sous le nom de colonel Wasa.

Sa petite-fille, la princesse Caroline, pendant que son père guerroyait à la tête de l'armée autrichienne, avait donné toute sa confiance à la grande-duchesse de Bade, cousine par alliance des Napoléonides.

Morny, chargé de l'ambassade, trafiqua avec la Grande-Duchesse le mariage projeté. La jeune Princesse en eut vent, et, il faut le dire, l'idée de devenir Impératrice fit sur son imagination une impression plus agréable que le portrait du Prétendant qui aspirait à posséder ses charmes et sa main.

Toutefois, malgré la répugnance naturelle qu'inspirent à une jeune fille les traits surannés d'un libertin, elle aurait facilement accepté le titre avec le libertin par-dessus le marché, si la cour d'Autriche n'avait pas montré le bout de la patte pour susciter une petite défaite matrimoniale à l'héritier d'un Napoléon.

La cour d'Autriche est rancuneuse, on le dit du moins; toujours est-il qu'elle ne se montra pas coulante en cette circonstance; car le général, père de la princesse Caroline, reçut l'ordre d'opposer son autorité paternelle à l'union de sa fille avec un vulgaire parvenu.

Parvenu, le mot était dur, mais il avait été dit, et, par parenthèse, qui n'est pas un parvenu ici-bas, si nous voulons remonter à quelques générations ? Le premier Wasa lui-même eût trouvé parmi ses ancêtres un paysan de la Dalecarlie. Cela ne l'empêcha pas de dire carrément :

— Une Wasa n'épousera jamais un Bonaparte !

Le veto était sans réplique ; il fallut donc renoncer au mariage projeté.

Savez-vous qui se réjouit le plus cordialement à la nouvelle de ce blocus matrimonial ?

Vous le devinerez sans jeter votre langue aux chiens, et vous nommerez avec moi le prince Jérôme Plonplon.

Il faisait des gambades à dérouter un sapajou et se livrait dans son intérieur à une sarabande infernale.

— Ah ! ah ! se disait-il en se frottant les mains : tu voulais une Princesse, le sang de Verhuel n'en est pas digne. Si tu veux une Impératrice, il faudra t'encanailler, mon vieux.

Quant à Sa Majesté, le sang des Napoléon se révoltait intérieurement devant tous ces outrages. Ah ! ils ne veulent pas de moi, eh bien ! ils ramperont bientôt à mes pieds, ces princes dégénérés. Je n'irai pas frapper de nouveau à la porte d'une Princesse.

Pendant que l'impérial éconduit exhalait à huis-clos sa bile, un rusé diplomate, qui n'était peut-être pas étranger à cet échec, écoutait dans ses salons de Vienne les allusions peu flatteuses et les propos à mot couvert de quelques facétieux courtisans.

Le prince de Metternich, entouré d'un brillant cortège de dames de la haute société autrichienne, exposait au vieux landgrave de Hesse les difficultés anormales que rencontrait dans toutes les cours le mariage de l'Empereur des Français. On riait en lançant l'épigramme faisant allusion à certaines propositions mystérieuses qui n'ont pas de nom parmi les gens bien élevés.

Le vieux landgrave était sérieux comme un Pape sur son trône pontifical.

— Il vous reste une fille, Monseigneur, dit une jeune dame, pourquoi ne la donneriez-vous pas à Sa Majesté l'Empereur très-chrétien de France ?

— Dieu m'en préserve ! si jamais ce particulier avait levé ses yeux sur ma fille, je lui aurais fait la réponse que le sénat de Regium fit à Denis le Tyran :

— Nous n'avons que la fille du bourreau à vous donner pour femme.

— Oh ! Prince, répondit la fière allemande, vous êtes cruel pour la fille du bourreau ; pourquoi voudriez-vous associer son sort à celui de cet homme, elle est peut-être honnête et pure, elle ne mérite donc pas un pareil châtiment.

A un homme de cette espèce on ne donne pas la fille du bourreau. — L'exécuteur des hautes œuvres lui est seul nécessaire pour l'accomplissement de ses desseins d'abord, et puis....

— Pour le pendre sans doute, afin de venger la société, ajouta en souriant le prince de Metternich.

Ce landgrave de Hesse avait de l'expérience ; il connaissait les hommes et savait les bien juger.

CHAPITRE III

L'ORGIE ET LES CHASSES DE COMPIÈGNE.

Tibère, fatigué des sollicitudes du pouvoir, méprisant la servile bassesse du Sénat, avait pris le parti de quitter Rome pour les loisirs tranquilles de l'île de Caprée.

Le taciturne vieillard demandait au raffinement de la débauche des plaisirs impuissants à calmer ses douleurs.

Il s'ennuyait à Rome.

Les hommes, surtout les puissants qui ont commis de grands forfaits, ont besoin de s'étourdir ou de se distraire afin d'étouffer les agitations intérieures stimulées par le remords, le remords, ce ver rongeur et toujours actif de la conscience humaine qui dévore incessamment le cœur du criminel ; semblable au vautour fatidique de la fable qui déchirait de ses serres immortelles les entrailles sans cesse renaissantes du malheureux Prométhée.

Comme Tibère à Rome, Napoléon III s'ennuyait à Paris. Compiègne remplaça Caprée. Le château impérial offrait des plaisirs faciles, même en dehors des fauves tressaillements de la chasse.

Il y avait dans un des plus opulents quartiers de Paris une maison élégante, fréquentée par le libertinage de haute lignée.

Elle renfermait un harem de jeunes odalisques qui vendaient à chers deniers les faveurs immondes de la courtisane.

Les pourvoyeurs de Sa Majesté avaient découvert cet asile des grâces, véritable parc aux cerfs qu'ils résolurent d'introduire dans le parc impérial.

Le château de Compiègne avec ses ombrages délicieux leur parut un séjour suffisamment discret pour y cacher pendant une nuit de saturnales les agaçantes Laïs qui devaient leur procurer un avant-goût du paradis musulman.

Madame Conquet livra ses pensionnaires sans trop discuter ses bénéfices. Elle savait bien qu'avec de pareils hôtes sa complaisance n'avait pas besoin d'être tarifée.

L'inauguration de la fête fut présidée par Sa Majesté, entourée d'une société toute choisie parmi ses plus intimes confidents. Il est vrai que ces hommes étaient à peu près tous blasés par la jouissance, il leur fallait des excitants, et sous ce rapport ils avaient admirablement bien calculé leurs mesures.

Les Eucharis qui les entouraient n'étaient point novices, leur souplesse s'élevait jusqu'à la perfection de l'art.

Un souper fin, des vins délicieux, des propos d'une lasciveté désopilante entraînaient les esprits à la représentation des images les plus désordonnées ; les voix, de plus en plus animées, s'élevaient à un diapason discordant..... Que disaient-elles donc ?

Mais, silence..... le huis-clos est ici nécessaire.

Napoléon III s'amusait ; le vulgaire ne doit point se mêler à ses impériales distractions.

Les roués seuls de son école sont admis à partager les sensuelles surprises qui récréent leurs communs loisirs dans les petits jeux innocents.

L'ivresse, à titre de circonstances atténuantes, est toujours invoquée en faveur des grands criminels.

L'ivresse avait tout envahi dans ce cénacle impur; sera-ce là une circonstance atténuante ?

Non, sans doute. Dans les jeux de l'orgie, l'ivresse aggrave tout ; ce ne sont plus des actes humains, c'est de la bestialité.

Tout ce monde surexcité était noyé dans les vapeurs trompeuses des vins les plus généreux ! Les hommes repus titubaient sur leurs jambes affaiblies. Les hétaïres ne connaissant plus de frein, s'abandonnaient, les yeux voilés, aux cache-cache des colin-maillart, cherchant à tâtons, fuyant, sans trop de hâte, les immondes poursuites des ribaudeurs avinés, et se livrant à toutes les inspirations, à toutes les obscénités de la brute, recherchant les matérielles sensations de la plus hideuse promiscuité.

L'orgie touchait à sa fin..... Les convives vidaient leurs goussets pour se montrer magnifiques au dernier acte : *La curée des dames.*

Sa Majesté, en prévoyant rémunérateur, possédait un coffret, véritable boîte de Pandore renfermant une série d'artistiques trésors.

A un signal donné, toutes les belles plongent leurs mains dans la cassette mystérieuse et la retirent lestement, emportant un lot inconnu : c'était des bracelets et des colliers de perles, c'était tout un arsenal de bijouterie où l'or le disputait aux pierres précieuses.

Toutes ces merveilles conquises à l'aveugle et par les secrètes chances du hasard furent parfaitement accueillies par les charmeuses, qui ne s'attendaient pas à tant de magnificences.

— Honneur à vous, Sire, s'écria Fialin, honneur à vous dont le règne va porter à son apogée la renaissance du Luxe et des Arts.

— Le luxe fait la prospérité d'un Etat, ajoute Morny ; il fait la prospérité de l'Etat et le bonheur des grands.

— Et le nôtre donc, s'écrie le colonel Fleury, dont la tête échauffée avait presque annihilé l'initiative.

L'or n'est qu'une chimère... Tenez, mesdames, voilà de l'or, c'est le lot de la plus agile. En disant ces mots, il jette sur la table une poignée de napoléons.

Faut-il décrire la lutte infernale qui fit s'entrelacer les bras et les mains de cette troupe cupide? Sa Majesté trouva cette scène charmante, et, afin d'en prolonger la voluptueuse jouissance, il attisait l'enjeu, prodiguant l'or, qui couvrit bientôt le tapis de la salle et dont les dames, ardentes de cupidité, se disputaient la possession sans craindre les déchirures que devaient nécessairement subir leurs toilettes, au milieu des désordres occasionnés par cette activité à courir sur la pluie d'or.

En décrivant cette orgie dont nous avons pris à tâche de voiler autant que possible l'obscène ordonnance, notre pensée se reportait souvent vers la mansarde du pauvre, où gémit dans la misère et les privations qu'elle enfante, une famille d'honnêtes artisans.

Une seule de ces pièces d'or, qui représentaient les

fatigues et la sueur de la France, prodiguées avec tant d'abandon aux mains rapaces d'indignes prostituées, aurait porté le bien-être et la joie au milieu d'un humble foyer voué au malheur et à l'indigence.

Mais un phénomène particulier aux organisations qui ne vivent que pour et par le ventre, c'est que les instincts se développent aux dépens des sentiments.

La sensibilité languit, le moral s'affaisse, les impressions sont légères et s'effacent rapidement. On dirait que la couche adipeuse qui recouvre tout le corps rend la fonction nerveuse plus lente et moins vive. L'égoïsme conserve sa délicatesse exquise et ne laisse pas une place au souvenir des malheureux. Il y a toujours un coin réservé à l'hypocrisie. Sa Majesté l'avait conservée avec soin pour donner le change à la multitude, il avait ordonné au *Moniteur* d'insérer la nouvelle suivante :

« Pour la première fois, depuis vingt-deux ans, les
» églises de Paris ont été ouvertes au public pendant
» la nuit de Noël. C'est là un noble exemple donné par
» le Gouvernement ; en outre, tous les bals ont été
» interdits hier soir par la police.

» Sa Majesté a assisté à la messe en sa chapelle ; sa
» piété a édifié la cour. »

Le masque reparaissait, le clergé de France et les fidèles levaient les mains au ciel pour lui demander la prospérité d'un Empereur dont la pieuse tenue édifiait si bien la cour.

Compiègne savait ce qu'il fallait penser de cette dévotion officielle, il lui restait à admirer encore le maître dans les nouveaux plaisirs qu'il réservait cette fois à des invités d'élite appelés à partager avec Sa Majesté les fatigantes émotions de la chasse.

La chasse plaît aux cœurs belliqueux et aux âmes tendres. La poursuite d'un cerf fuyant les atteintes de la meute acharnée à sa perte, favorise l'instinct guerrier du pointeur, et les rencontres fortuites des amoureux.

Que d'intrigues commencées sous bois, que de dénouements inattendus, que de faiblesses réparées par le mariage !

L'Empereur était destiné à en laisser au monde un exemple des plus étonnants.

Au jour fixé, le cor trouble les échos de la forêt, les piqueurs tiennent la meute en laisse et sont prêts à lancer les chiens sur la piste qui excite leur ardeur.

Les attelages élégants, portant un brillant essaim de jeunes dames costumées en amazones, arrivent à la hâte au rendez-vous.

Des cavaliers montés sur leurs fringants coursiers, la carabine au poing, respirent la furie des batailles ; c'est la mêlée frémissante qui annonce le combat. Au milieu du groupe, un personnage entouré d'un personnel obséquieux donne des ordres religieusement exécutés. Ce personnage, c'est Sa Majesté Napoléon III, entouré de sa cour.

Le baron de Rostchild, roi de la finance, convié à cette fête impériale, avait fait partager cet honneur à sa fille accompagnée d'une jeune Espagnole, sur laquelle nous allons désormais fixer l'attention de nos lecteurs.

A tout seigneur tout honneur ; nous devons donner

par conséquent une description complète de la personne et de son costume.

Mademoiselle Eugénie, comtesse de Théba, était une ravissante Espagnole, arrivée depuis un an à Paris en compagnie de sa mère Madame la comtesse de Montijo, et d'un jeune page qu'elle appelait prince Camerata.

Des recommandations les plus affectueuses et les plus pressantes lui avaient ouvert un facile accès auprès de M. le Baron, riche banquier de la rue Laffite, qui lui avait ouvert un crédit illimité sur sa caisse. Mademoiselle de Montijo avait été dame d'honneur de la reine Isabelle; elle possédait, en outre, tous les charmes d'une merveilleuse beauté, malgré ses vingt-sept hivers.

Il est vrai que l'art de la coquetterie n'était pas étranger à cette conservation ; elle en avait épuisé toutes les rajeunissantes ressources dans l'appareil cynégétique qu'elle avait choisi, afin de faire sensation dans la brillante cavalcade de Compiègne.

Un costume complet d'Amazone, sortant des mains d'une habile faiseuse de la capitale, l'habillait d'une façon très-provocante ; un feutre à la Tudor, laissant flotter une blanche plume d'autruche sur les plis d'un voile aurore, couronnait sa tête rayonnante dont la chevelure d'or, emprisonnée par des agrafes de diamants, s'enroulait en grappes abondantes dans un séduisant fouillis. Des yeux bleus et limpides, un nez castillan, une bouche mignonne respirant le sourire, donnait à toute sa personne un aspect qui appelle l'admiration ; ajoutez une taille imposante, les formes les plus gracieuses de la jeune femme coquettement accusées dans une tenue des plus majestueuses : on comprendra sans peine la sensation que devait produire sur les amateurs artistiques cette apparition digne du ciseau de Phydias.

Elle montait un alezan pur sang sortant des écuries de M. le Baron, son protecteur. Un page richement costumé suivait ses pas; c'était un jeune castillan qui, par dévouement, veillait sur elle : on l'appelait le prince Camerata.

Lorsque la belle étrangère se présenta devant un groupe de chasseurs, elle y excita un long murmure de surprise qui devint bientôt de l'enthousiasme : tant de grâce unie à une simplicité si bien étudiée laissa partout une heureuse impression qui s'exprimait tout haut.

Quand tout-à-coup la course furibonde d'une escorte de cavaliers annonça la venue du maître, en criant : l'Empereur.

L'Empereur arrivait, en effet, sous son costume impérial de veneur, entouré d'une suite brillante, au rendez-vous principal de la chasse.

La belle écuyère s'était avancée jusqu'au premier rang; aussi attira-t-elle les regards du Souverain qui l'accueillit par un salut spécial. Celle-ci inclina solennellement sa tête sur son cou de cygne, salua majestueusement l'hôte impérial et lui envoya un de ces regards indicibles qui vont tout droit au cœur.

Le trait ne fut pas perdu, il laissa une blessure profonde.

La chasse désormais n'avait plus d'émotions pour Sa Majesté; toutes ses pensées intimes avaient été envahies par l'image de cette adorable chasseresse, dont il désirait suivre à toute force les vertigineuses évolutions.

7

Les fanfares annoncèrent bientôt le lancé, ce fut le signal de la dispersion; chacun gagna son poste et s'élança à fond de train dans les allées poudreuses de la forêt.

A ce moment, la belle Andalouse se rappela les ardeurs du cirque de Madrid; elle bondit dans le fourré et se dirigea de toute la vitesse de son coursier vers les lieux où s'accentuait la plus bruyante animation.

Les coups de feu retentissaient déjà; l'Empereur, ordinairement si habile, ne savait plus viser le gibier que les piqueurs amenaient à ses pieds.

Une préoccupation absorbait seule sa pensée, et il profita d'un moment de répit pour dire à son Chambellan : Quelle est donc cette belle personne que je viens d'entrevoir ? Quelle charmante et délicieuse vision !

— Sire, c'est une amie de Mademoiselle de Rostchild; M. le Baron a pris sur lui de la conduire à Compiègne pour la présenter à Votre Majesté.

Le Chambellan allait continuer, lorsque l'intrépide Amazone, emportée par l'élan le plus impétueux, passa comme une flèche, les lèvres entr'ouvertes, les narines dilatées, laissant flotter ses longs cheveux dénoués.

Son bras s'abaissa avec grâce, et salua d'un geste très-empressé le groupe impérial. Un sourire surhumain animait ses facettes, et ses yeux fascinateurs se perdirent dans le regard brûlant de l'Empereur.

Quelle ravissante créature ! s'écria-t-il; c'est Diane dans tout l'éclat de sa beauté ! Pourchassons, Messieurs, la belle chasseresse.

La chasseresse fuyait toujours suivie par son jeune page qui ne la quittait pas.

Le cortége impérial en se précipitant sur ses traces, brûlait la poussière et parvint à atteindre la fugitive tout près d'une clairière, où elle avait dû s'arrêter haletante.

Le nouvel Endymion n'était certes pas endormi :

— Belle chasseresse, lui dit-il en l'accostant, bien malheureux sont les pauvres humains que vous percez de vos flèches ; les blessures sont profondes, mortelles.

— Sire, répond en rougissant la rusée coquette, j'en serai donc avare désormais, car je serais au désespoir si je pouvais seulement pressentir le malheur d'une mort causée par leur atteinte.

— Dites plutôt le bonheur, car depuis que vous m'êtes apparue, je ne sais quel trouble délicieux vous avez apporté en mon être ; je serais heureux de trouver la mort à vos pieds.

— Sire, on m'avait toujours dit que vous étiez le meilleur des Princes ; je puis désormais affirmer que vous en êtes le plus galant. Vous ne trouverez jamais la mort à mes pieds, mais un dévouement aussi affectueux que sympathique.

Un nouveau salut plein de charmes, une œillade rapide terminèrent cette heureuse réponse. L'amazone partit au galop de son coursier, laissant Sa Majesté abîmée dans le charme de cette parole et de cette ravissante image.

Le sang se figea dans ses veines, un évanouissement subit voila ses yeux ; il tomba dans les bras de ses courtisans, privé pour quelques instants de l'usage de ses facultés et de ses sens.

C'en était fait, dès ce jour le sort de la couche impériale était fixé. Mademoiselle Eugénie de Montijo avait gagné la couronne d'Impératrice.

Il est dans la nature humaine, comme chez les fleurs, des sympathies, des influences secrètes qui rapprochent deux êtres séparés quelquefois par de grandes distances sociales.

Le sang hollandais de Verhuel éprouvait l'attraction du sang allemand de Kirpatrick.

Une loi mystérieuse se servait du hasard pour fixer dans des liens indissolubles deux êtres prédestinés l'un à l'autre. Nous devons à nos lecteurs quelques détails, afin de l'édifier complètement sur le compte de cette nouvelle famille qui va être introduite dans le gynécée impérial.

LIVRE IV

LA COMTESSE DE MONTIJO

CHAPITRE PREMIER

LA BELLE ÉPICIÈRE DE MALAGA.

Au sud-est de l'Espagne, dans une baie abritée contre les vents du Nord, s'élève une charmante ville nommée Malaga, avantageusement connue par ses vins muscats et ses belles Andalouses.

Dans un des quartiers les mieux fréquentés de la ville s'ouvrait, au commencement de ce siècle, une boutique de denrées coloniales, parfaitement achalandée, grâce au zèle d'un brave et digne épicier qui s'appelait Kirpatrick. Ce nom, on le comprend sans peine, accuse une origine allemande, et c'est avec raison; car le bonhomme, voulant fuir les brumeuses tristesses de son pays teuton, l'avait quitté pour le beau ciel de l'Andalousie.

Son commerce était on ne peut plus prospère. Il est vrai que cette prospérité ne tenait pas seulement à la chance ; Kirpatrick avait quatre filles ravissantes dont les grâces et la prévenance attiraient de nombreux chalands. L'aînée surtout, belle brune à l'œil vif, était particulièrement séduisante par son entrain, sa délicatesse, qualités du cœur rehaussées par les avantages d'une merveilleuse beauté.

Elle avait alors dix-sept printemps ; les papillons dorés voltigeaient autour d'elle ; elle rêvait, la belle enfant, en pesant le poivre et la cannelle, dont les fortes odeurs excitaient ses sens; aussi, lorsque, le soir venu, il lui était permis de se soustraire à sa charge, elle allait respirer sur le bord de la mer, en compagnie de ses trois sœurs, les âpres et suaves senteurs des orangers, profitant de l'occasion pour lancer d'amoureuses œillades, sous sa mantille flottante, aux jeunes et nombreux soupirants qui ne manquaient jamais de s'attacher à ses pas.

Pour une jeune fille de dix-sept ans, qui a de beaux yeux et des papillons dans la tête, les soupirants mélancoliques sont toujours préférés aux vulgaires labeurs d'une boutique d'épicier.

Aussi notre ravissante héroïne ne se montra pas insensible à une douce mélodie qui montait un soir à son adresse vers un balcon où elle se penchait langoureusement, en dilatant ses poumons au souffle des brises lui apportant la fraîcheur et le repos.

Cette mélodie lui disait :

> Pourquoi de ta jeunesse
> Laisser faner les fleurs?
> Pourquoi cette tristesse
> Qui fait si mal au cœur?
> Pour les amants la vie est belle;
> Les jours sont d'or, les cieux d'azur,
> Et la voix du cœur leur révèle
> Ce que l'amour a de plus pur.

La belle épicière avait entendu cette voix du cœur; elle éprouvait un besoin irrésistible de connaître ce que l'amour a de plus pur.

Une échelle de cordes tomba lentement vers la voix plaintive; le galant s'en empara, et puis... et puis... la nuit s'écoula avec son ciel d'azur, et Mademoiselle Kirpatrick apprit alors par expérience que si pour les amants la nuit est belle... les jours ne sont pas toujours d'or.

Dès ce moment délicieux, le comptoir paternel n'offrit plus qu'un intérêt prosaïque ; la poésie soupirait au balcon, où tous les soirs venait chanter le poète, en se livrant aux exercices de gymnastique sur la corde dont la belle tenait les bouts.

Toutefois, un cœur ne vit pas toujours de musique; ses plus mélodieux accents deviennent monotones à force d'être répétés, et c'est pourquoi Mademoiselle Kirpatrick se lassa d'une existence aventureuse et se décida à jeter les bases d'un établissement plus solide et moins dangereux.

Elle comptait trois sœurs dans sa famille. Le père

Kirpatrick avait bien arrondi son magot ; mais quatre filles à doter rendait légère la part de chacune. L'aînée, qui avait déjà de l'ambition, voulait se caser en dehors de la classe roturière qui paraissait pourtant devoir être son lot.

Mais ce que femme veut, le diable le veut aussi, dit-on. Celle-ci voulait être comtesse et elle le fut.

Il y avait alors à Malaga un vieil officier d'artillerie qui touchait à la retraite. Il appartenait à une ancienne famille aristocratique dont l'actif avait été considérablement amoindri par ses péchés de jeunesse. Un accident arrivé dans l'exercice de ses fonctions lui fit perdre l'œil droit, et, malgré les soins les plus minutieux, la blessure laissait toujours de cruelles traces qui étaient continuellement cachées par un bandeau de soie noire : particularité qui procura au borgne capitaine le nom de Cupidon.

Ce Cupidon était un comte de bon aloi, un comte sans fortune, il est vrai, mais portant un blason authentique, assurant des espérances dans l'héritage d'un frère aîné sans enfants, nommé le comte de Montijo.

La famille des Montijo s'était particulièrement distinguée par ses menées clandestines, s'attaquant à la sûreté de la couronne ; elle avait eu soin de bien cacher son jeu, afin d'éviter les ennuis et les tracasseries que le gouvernement, jaloux de son repos, ne manquait pas de susciter aux acteurs apparents, lorsque le complot était découvert.

Les instruments de ces sourdes machinations payaient les pots cassés. Le comte de Montijo, qui restait toujours caché dans les coulisses, ne déliait pas les cordons de sa bourse, et couchait tranquillement dans son lit, pendant que ses complices, moins habiles, s'étendaient sur la paille d'une prison d'État.

Mademoiselle Kirpatrick jeta son dévolu sur le noble comte ; mener bon train cette difficile entreprise fut désormais le rêve de sa vie ; elle eut recours à tout un manége d'escarmouches qui ne manquèrent pas d'être courageusement affrontées par un vétéran du corps de l'artillerie. Le champ de bataille, c'est-à-dire la promenade du soir, lui fournissait l'occasion de se servir de ses armes : œillades agaçantes, sourires flatteurs, manœuvre d'éventail, tels étaient les traits qui causaient la blessure. Le Comte, voyant tout d'un coup-d'œil, ne tarda pas à se sentir blessé. Cependant il ne pouvait pas s'imaginer que l'attaque fût pour le bon motif, et il ne lui déplut pas trop de cueillir encore sur ses vieux jours les fruits précoces et savoureux qu'on semblait lui offrir de si bonne grâce.

Afin d'en avoir le cœur net, il se rendit un matin dans la boutique de la belle épicière, sous le prétexte d'acheter n'importe quoi, des clous de girofle, par exemple.

La jeune marchande était à son poste ; elle accueillit le chaland avec son plus gracieux sourire, en la bienveillance duquel le Comte trouva le courage de lancer une chaude déclaration à brûle-pourpoint.

La bombe, lancée avec une timidité explicable, vu la position des deux belligérants, atteignit le but.

Mademoiselle Kirpatrick rougit jusqu'aux oreilles, en témoignant, avec un embarras calculé, qu'elle serait heureuse d'unir sa destinée à celle d'un homme aussi haut placé dans son cœur que dans les fastes de l'aristocratie espagnole.

Le Comte, qui ne s'attendait pas au mariage, n'en repoussa pas immédiatement la pensée, tant la séduisante Circé qui l'enchantait lui faisait pressentir de charmes dans les liens indissolubles qu'on lui demandait si gracieusement de nouer.

Cupidon, malgré son bandeau, vit son bonheur dans cette affaire. Après quelques jours d'attente, Mademoiselle Kirpatrick s'appelait Madame la comtesse de Théba-Montijo.

Le mariage est pour certaines femmes un chaperon protecteur, surtout lorsque le mari peut facilement passer à l'état de complaisant.

Mademoiselle Kirpatrick l'entendait ainsi; elle voulait user de cette complaisance et se dédommager avec les hommes de son choix des privations et des ennuis qu'elle savait bien devoir rencontrer dans les bras du Comte son époux. Heureusement pour elle, il n'était pas jaloux. Cette ridicule qualité demande chez le sujet qui en est atteint une certaine dose d'intelligence; or, sous ce dernier rapport, la Providence l'avait traité en marâtre : le capitaine était arrivé le dernier dans la distribution de l'esprit; sa part fut si minime qu'il ne vaut pas la peine d'en parler.

Ne nous étonnons donc point si Madame la comtesse de Théba chercha en dehors de son foyer des consolations et des agréments qu'il ne lui était pas possible d'y trouver.

Les gens d'esprit lui firent bientôt cortége ; mais elle n'aimait pas la foule : un tête-à-tête fièrement soutenu lui était beaucoup plus agréable, parce qu'elle désirait donner et recevoir à huis-clos les leçons qui font les bons élèves, à l'abri de toute distraction importune.

Parmi les professeurs, on citait de beaux officiers de la garnison, des caballeros élégants de la fashion malagaise, dont les visites fréquentes et assidues avaient bientôt perfectionné les bonnes dispositions de la séduisante Comtesse.

Un lord même, en inspection à Gibraltar, n'avait pu se dispenser de faire de temps en temps une promenade dans la cité espagnole renommée par son exquis muscat; et parmi les plus heureuses distractions qu'il y avait rencontrées, il mettait au premier rang les délicieux tête-à-tête de la vive et sémillante comtesse de Théba.

Deux petits amours de jeunes filles, roses, frais et charmants, avaient récompensé sa tendre sollicitude ; et le vieux mari, qui n'y voyait que du feu, caressait avec bonheur ces deux petites filles. La plus jeune, appelée Eugénie, attirait particulièrement l'attentive sollicitude de lord Clarendon, dont l'humeur voyageuse le poussait souvent de Gibraltar à Malaga, où il était sûr de trouver auprès de la Comtesse galant accueil et doux délassement.

Les bonnes gens de Malaga, habitués aux commérages et qui n'avaient pas vu sans un certain sentiment de jalousie l'élévation sociale de la belle épicière, faisaient par-ci par-là quelques utiles réflexions ; les mauvaises langues avaient beau jeu sur ce qu'elles appelaient des scandales. Le pauvre Comte ignorait tout, tant sa femme était habile à lui cacher les manœuvres qui portaient au contrat matrimonial de si nombreuses déchirures.

Il est vrai que ces acrocs se réparaient matériellement par la générosité des galants ; l'or, les diamants, les cachemires, les dentelles, portaient l'abondance et le luxe dans la maison, car la syrène était trop avisée pour livrer gratuitement ses faveurs.

Le bien-être matériel régnait donc à son entour. Ce bien-être devint bientôt opulent par la mort de son beau-frère, le comte de Montijo, qui habitait Madrid. Ce vieux célibataire, imbu des préjugés de sa caste, n'avait jamais approuvé le sot mariage de son frère cadet, le capitaine d'artillerie ; il avait boudé la nouvelle famille et se disposait même à la déshériter, lorsque la mort le surprit, *ab intestat*, dans ses résolutions peu fraternelles.

Il laissait en mourant une très-grosse fortune territoriale, un château aux portes de Madrid et un bel hôtel dans un des quartiers aristocratiques de la capitale.

Nous n'avons pas besoin d'ajouter qu'après cet heureux accident, Malaga ne devait plus offrir de charmes à la Comtesse. Aussi s'empressa-t-elle de mettre ordre à ses affaires et de quitter, pour n'y plus revenir, cette ville témoin de ses galantes aventures.

Elle alla donc se fixer à Madrid, emmenant ses deux filles, dont l'aînée avait déjà douze ans, et s'installa dans son nouvel hôtel des Montijo, partageant ses loisirs entre les doux plaisirs des champs et les distractions fiévreuses de la ville.

CHAPITRE II

UN PREMIER AMOUR SUIVI DE SUICIDE.

Quelques années se sont écoulées. Madame la comtesse Théba-Montijo a pris racine dans la haute société madrilène.

Son train de maison tient le haut du pavé ; son palais est ouvert à l'élite aristocratique de la science, de la politique et du sang ; de grands seigneurs, des ministres, des poètes, des savants hantent ses salons et ses antichambres ; il lui manque encore une gloire : c'est d'être admise à la Cour de Sa Majesté la reine Isabelle.

Le maréchal Narvaez, favori titré de la Reine, s'était heureusement glissé dans le boudoir de la Comtesse. Des rapports d'amitié, dégénérant en sentiments plus exquis, avaient lié ces deux cœurs. Narvaez recommanda sa protégée ; les portes de l'Escurial s'ouvrirent toutes grandes ; Madame la comtesse de Montijo ajoutait à son blason le titre de dame d'honneur de Sa Majesté.

La cour de l'Escurial, malgré la vigilance pudique de la sœur Patrocinio et du P. Claret, n'a jamais été renommée par la sévérité de sa morale.

La recrue qui lui arrivait, sur la recommandation de l'illustre Maréchal, n'effraya point les nombreux Marfori, grands administrateurs des boudoirs de ces dames.

La Comtesse, en effet, n'était pas une vertu farouche ; et ses deux filles, qui s'épanouissaient déjà dans tout l'éclat de leur beauté, devaient enrichir le parterre royal de deux fleurs nouvellement écloses, dont les fraîches corolles respiraient le plus suave parfum.

Leur première apparition ne manqua pas de produire une des plus favorables impressions. L'aînée, qui comptait dix-neuf printemps, brune piquante, aux formes gracieuses, attira tout d'abord l'attention d'un jeune seigneur portant un nom justement honoré dans l'aristocratie espagnole, beau garçon très-titré, riche à millions, enfant gâté par les bonnes fortunes, recherché par les dames, à cause de son entrain et de sa dextérité, le duc d'Albe enfin, honoré d'un titre de Grand à la Cour.

La plus jeune des filles de la comtesse Montijo, moins âgée de deux ans que sa sœur, était une blonde admirable, aux yeux bleus et à la chevelure d'or, s'élançant, sous une désinvolture attrayante, en poses dignes de la statuaire. C'était la perfection : le duc d'Albe la vit et il hésita.

Les deux sœurs reçurent séparément ses hommages ; il les cultivait comme deux plantes délicates qui demandent la vigilante assiduité du jardinier. Notre Duc courait de la blonde à la brune, et trouvait dans ce facile labeur des chances enviées et des distractions trop tôt épuisées.

Eugénie, dont le tendre cœur à peine ouvert aux premières illusions de la jeunesse n'avait pas su résister aux perfides séductions du galant adorateur, avait cédé presque sans lutte, alléguant pour excuse la véhémence de son amour. Le Duc profita pendant quelque temps du fruit de sa facile victoire ; mais à la fin les lauriers s'étant ternis, le vainqueur éprouva le besoin de les reverdir en de nouveaux combats.

La sœur aînée, qui reçut l'assaut, ne se montra pas si prompte à capituler, soit que son âge lui donnât une plus grande expérience, soit qu'elle se défiât de ses avances trop entreprenantes. Elle mit en ordre toutes ses batteries, et le Duc se vit contraint à un siége en règle qui n'était pas sans lui offrir quelque difficulté. Il savait bien cependant qu'il possédait des sympathies dans la place ; le cœur lui appartenait, les forts ne pouvaient pas tarder à enrichir ses conquêtes. La brune Andalouse aimait aussi éperdument le duc d'Albe.

Les forteresses ne peuvent être prises ou assiégées sans bruit : on s'était donc aperçu à la Cour de l'ouverture des tranchées ; et Madame Théba-Montijo, malgré les escarmouches galantes qu'elle dirigeait pour son propre compte, ne tarda pas à être complètement édifiée sur les dispositions du belliqueux courtisan.

Elle ne s'attendait pas sans doute à trouver les travaux aussi avancés, et dès qu'elle eut vent de la tendance, elle prit sur sa dignité de mère d'en demander diplomatiquement des explications.

Un soir donc que l'assiégeant avait fait feu de toute son artillerie sur ses deux charmantes filles, elle profita d'un moment de répit, causé par l'épuisement des munitions, pour prendre à part l'infatigable pointeur, et lui glissa à l'oreille ces quelques observations qui lui paraissaient favorables à un prochain dénouement :

— Mon cher Duc, lui dit-elle, vous êtes un vaillant capitaine, vous prenez admirablement l'offensive, mais votre tactique est si habile qu'il m'est impossible de découvrir le point où doit aboutir votre dernière entreprise.

Vos assiduités auprès de mes filles honorent ma maison ; je serais heureuse d'avoir l'assurance que vos intentions sont avouables. Votre Seigneurie a sans doute fait un choix que nous serions très-flattés de ratifier. Le sang des Montijo ne peut que se rajeunir dans les flancs d'une duchesse d'Albe.

Le Duc ne s'attendait certainement pas à cette ouverture ; elle parut le déconcerter un instant ; mais il était courtisan : il reprit bientôt son assurance, car il avait compris que Madame de Montijo ne soupçonnait pas même l'avantage de sa position avancée.

— Madame la Comtesse, dit-il avec un aplomb imperturbable, vous ne vous trompez point, mon choix est fait depuis longtemps ; j'ai hésité jusqu'à ce jour pour des motifs fort honorables, je suis enchanté que votre communication me fournisse aujourd'hui l'occasion de m'expliquer catégoriquement.

Vos deux filles sont adorables ; elles ont par leur beauté un égal titre à mes empressements, un sentiment exquis de délicatesse pour elles ne m'a pas permis de leur faire connaître mes préférences. Je puis parler à cœur ouvert à leur mère en lui déclarant qu'elle me rendra le plus fortuné des mortels si elle veut bien m'accorder la main de Mademoiselle Marie, sa fille aînée.

Les filles d'Ève sont naturellement curieuses, surtout

lorsque leur intérêt est en jeu. Les deux sœurs comprirent sans peine que l'entretien particulier les concernait ; elles se retirent discrètement, et sans s'être donné la consigne, elles eurent la même pensée qu'elles exécutèrent à l'instant.

L'oreille collée à une porte différente, elles entendirent parfaitement la conversation : l'une pour se pamer de joie, l'autre pour en mourir de douleur.

L'aînée voyait la récompense de sa coquetterie qui avait su résister longtemps aux entreprises de son audacieux assaillant ; elle le voyait lui revenir vaincu et lui offrir sa main avec le titre de Duchesse, pour l'introduire dans la couche légitime d'une des premières familles espagnoles.

Eugénie, désespérée et palpitante d'émotion, sentait s'évanouir ses plus beaux rêves et dévorait au fond de son cœur le remords d'avoir livré ses charmes à un ingrat qui s'était servi de son amour ingénu pour la perdre et la déshonorer. Toute l'astucieuse trame de son hypocrite séducteur lui fut à l'instant révélée ; il ne lui restait désormais plus d'espérance ; le suicide avec son hideux cortège se présentait à sa pensée ; elle en caressa l'image et s'y fixa avec le dernier désespoir. Tant de pénibles sensations arrivées coup sur coup suscitèrent dans son cœur tout un ouragan de tempêtes ; elle n'y tint plus, le sang se figea dans ses veines, elle tomba inanimée sur les dalles de l'appartement.

La fraîcheur et le calme rétablirent la circulation du sang ; elle se leva difficilement et regagna sa chambre, déterminée à quitter une vie qui lui offrait désormais l'opprobre et le déshonneur en perspective.

Je suis donc délaissée, se disait-elle, pour une rivale, et cette rivale est ma propre sœur..... Je dois me taire et ne pas révéler au monde un intime scandale..... et le misérable le sait et il me brave..... C'en est trop, il faut mourir !

Un petit coffret d'ébène s'étalait sur une étagère, elle l'ouvrit pour en retirer un petit flacon bouché à l'émeri, et une petite liasse de papiers attachée d'une faveur rose.

C'était les lettres de son amant qu'elle brûla avec colère ; elle débouche alors le flacon et en but le contenu d'un seul trait ; elle se coucha en proie à une sombre terreur, sans pouvoir dévorer les larmes brûlantes qui s'échappaient de ses paupières.

Sa tête s'alourdit aussitôt et mille visions fantastiques se heurtaient pour troubler son cerveau... La vie, hier, lui paraissait si douce, l'avenir se colorait alors de tant de jouissance..... Un soupir s'échappa de son cœur..... elle délirait.....

En cet instant une main amie frappa doucement à la porte..... rien ne répondit ; — un coup plus fort se fit entendre..... même silence.

— Ma bien-aimée sœur dort sans doute profondément ; si elle pouvait ressentir mon bonheur..... elle a le cœur tranquille, aussi elle peut trouver le repos.

L'amour c'est tout dans la vie, c'est la puissante étincelle qui féconde et vivifie l'univers ; c'est le feu sacré qui embrase les cœurs et agrandit l'intelligence ; c'est le soleil des plus beaux jours.

Mademoiselle Marie de Montijo aimait et elle avait

désormais l'assurance d'être aimée; aussi ne pouvait-elle dormir. La joie comme la douleur sont le tombeau du sommeil. Seulement, lorsqu'on est heureux on a besoin d'un confident pour déverser le trop plein dont le cœur déborde.

La future duchesse d'Albe, doucement émue par la perspective de son riant avenir, quittait sa couche solitaire, elle prenait un flambeau et, légèrement vêtue d'un peignoir blanc, elle se rendait sur le milieu de la nuit auprès de sa sœur Eugénie pour épancher sur elle une part du bonheur qui l'inondait.

Elle avait frappé à deux reprises, sa sœur n'avait pas répondu.

Elle poussa doucement la porte qui ne résista pas à ses efforts et s'avança à pas comptés jusqu'au sanctuaire où s'immolait volontairement une victime impure. Un spectacle étrange s'offrit à ses regards.

Eugénie, l'œil en feu, râlait sur la couche, les cheveux épars, les bras tendus par les convulsions, laissant échapper des mots incohérents qui disaient le terrible travail de ses souffrances. Un flacon vide gisait auprès du lit.

A cette vue, un frisson subit de terreur anéantit à l'instant le cours de ses pensées tout à l'heure si douces; sa sœur se mourait; Marie poussa un cri sinistre et se mit à agiter convulsivement la sonnette, murmurant, baignée dans ses larmes : Eugénie! Eugénie!

Madame de Montijo était accourue, ses gens arrivaient en foule et s'empressaient d'aller quérir des médecins.

La cause de ce tragique accident fut bientôt connue,

le flacon révélateur guida les hommes de la science sur la trace de l'agent, et les réactifs énergiques promptement employés amenèrent aussitôt une révulsion satisfaisante. Le mal perdit peu à peu son effrayante intensité ; la force du tempérament de la jeune fille s'était affirmée au matin par une déjection spasmodique qui avait totalement repoussé le poison ; ses jours étaient dès-lors à l'abri de tout danger immédiat.

La tendre Eugénie était donc sauvée, mais non complètement rétablie. Après une assez longue convalescence, il lui resta en souvenir de son aventureuse équipée un tremblement nerveux, qui contractait tous ses muscles, et livrait ses membres à la plus vive agitation.

Le duc d'Albe hésita, dit-on, devant un pareil sacrifice ; mais il savait la place démantelée ; ses préférences le portèrent à la possession de la citadelle qui gardait encore sa virginité, malgré ses galantes attaques. La fille aînée de la comtesse de Montijo se rendit ; mais en se rendant, elle s'appela Madame la duchesse d'Albe.

CHAPITRE III

LES DÉCEPTIONS D'UN PREMIER AMOUR POUSSENT Mlle EUGÉNIE VERS LES RIVAGES DE CYTHÈRE

Le remords accompagne nécessairement le crime ici-bas : c'est une loi providentielle dont la généralité n'admet pas d'exception. Mais le cœur humain s'habitue peu à peu à la lutte ; il est des natures privilégiées qui élèvent jusqu'à l'art la faculté d'en cicatriser les morsures. L'abîme disparaît insensiblement, on s'étourdit ; les bonnes inspirations s'effacent, il ne reste plus qu'un froid égoïsme rapportant tout à soi et au plaisir.

La belle Eugénie, dont le cœur bourrelé ne pouvait trouver de repos dans les riches lambris du palais de sa mère, s'empressa, pour guérir sa profonde blessure, de se livrer éperdument aux émotions palpitantes que lui offrait alors le cirque de Madrid.

L'arène tragique du torréador, sur laquelle le sang coulait en abondance, lui procurait les distractions faciles où s'évanouissaient peu à peu les sombres pensées qui assiégeaient son esprit.

Les combats de taureaux sont la spécialité de l'Espagne ; la capitale possède toujours une troupe choisie, dont l'utile fonction est de renouveler tous les jours un spectacle où s'accomplissent sous les yeux des drames aussi émouvants que réels.

Dans ces sauvages représentations de la cruauté humaine, les héros prennent en main les armes spéciales qui leur servent à massacrer avec adresse des animaux rendus furieux par les excitations des picadores. Le public frémit d'enthousiasme, mêlant ses cris au rugissement d'un taureau qui bondit dans l'arène, couvert de blessures béantes laissant ruisseler des flots de sang. Cet animal, devenu féroce, se tordant par les morsures cruelles de la douleur qui l'oppresse, se plante sous ses puissants jarrets, les nazeaux fumants, attendant l'occasion de se précipiter, pour sa défense, sur le belliqueux *chulo* qui l'a blessé, jusqu'à ce qu'un dard meurtrier arrête son élan et l'étende sans vie aux pieds du vainqueur, dont le sang coule aussi mêlé avec le sien.

La tendre Eugénie aimait ce genre d'émotions, elle se passionnait pour le torréador agile, dont la bravoure avait tout surmonté ; son œil brillait alors de tout son éclat, son sein se gonflait d'impatience, elle rougissait et pâlissait tour-à-tour, et ne trouvait pas de bonheur aussi grand que celui de distribuer avec un tendre sourire le prix de la victoire au triomphateur.

Dans la vie galante, il n'y a que le premier pas qui coûte : le premier pas était fait depuis longtemps.

Les réunions du cirque lui procurèrent l'occasion de nouer des relations romanesques parmi les nombreux admirateurs qui fréquentaient comme elle les arènes de la tauromachie.

Un élégant gentilhomme, marquis d'Alcanirez, s'attacha plus particulièrement que les autres à lui manifester publiquement tout un ensemble de provocantes agaceries : c'était un beau cavalier fort intelligent, ne reculant devant aucun sacrifice pour atteindre son but ; or, son but avoué consistait à obtenir de la sensible Andalouse un entretien particulier, afin de lui déclarer et les ardeurs qui embrasaient tout son être, et la satisfaction qu'il éprouverait à savoir ses amoureux sentiments partagés.

Il vit donc la belle, lui raconta sa détresse et ses chagrins brûlants. La belle prit en compassion une si chaude infortune, et, comme il dépendait de sa volonté de ramener le calme dans cette âme désolée, Eugénie, qui était sensible, ne refusa plus rien ; le jeune marquis savoura longuement les mélodieuses tendresses de son adorée, en les tête-à-tête confidentiels qu'elle voulait bien lui accorder souvent dans un petit boudoir retiré qui se perdait sous les arbustes de son palais.

Moments heureux, entretiens fortunés, vous vous êtes envolés trop rapides, emportés par les inconstantes fluctuations de la jeunesse qui aime la variété !

Le marquis se fatigua bientôt des charmes d'une vertu si facile et s'échappa vers de nouveaux rivages, cherchant un port inconnu, où il espérait trouver encore une protection et un abri. Eugénie, toujours fidèle, attendit longtemps le volage qui ne revenait pas.

Comme Calypso dans son île, elle était inconsolable ; mais les douleurs les plus intenses finissent par s'émousser ; Eugénie l'éprouva bientôt dans les bras d'un charmant page de la reine Isabelle, jeune imberbe de dix-huit ans, le gentil Olympio Aguado, frère puîné du célèbre marquis de Las Marismas.

La rencontre qui lui avait procuré cette bonne fortune est assez piquante pour mériter une particulière mention.

Dans le parc qui donnait la fraîcheur et l'ombrage au palais Montijo, se trouvait une petite grotte naturelle s'enfonçant dans un roc touffu, précédée d'une verte allée d'orangers, tout près desquels coulait avec abondance une source d'eau limpide. La grotte s'était transformée, par des travaux intelligents, en une alpestre salle de bains ornée de deux baignoires à fleur du sol servant à rafraîchir pendant les premières chaleurs de l'été les membres délicats de ces dames.

Le jeune Olympio, ayant une mission à remplir de la part de la Reine auprès de sa camérière Eugénie, errait par aventure, cherchant dans le parc la jeune demoiselle, selon la direction donnée par la domesticité du palais Montijo.

Il marchait nonchalamment, respirant l'air embaumé des fleurs, et arrivait, par l'allée des orangers, jusqu'à l'entrée de la grotte, en laquelle Eugénie, sans voile, se livrait depuis quelques instants aux jeux des tritons et des nymphes en savourant le plaisir du bain.

Comme Suzanne, elle se trouva surprise, mais le page n'offrait point les dehors repoussants d'un vieillard austère; il éprouva d'ailleurs à la vue de tant de merveilles en liberté la même émotion que les horribles tentateurs de la belle juive. Mais heureusement pour le beau page, Eugénie était loin de professer, touchant la continence, les mêmes principes que Suzanne. Elle ne s'effraya pas outre mesure à la vue de cette apparition inattendue; elle jeta bien quelques cris alarmants, au nom de la pudeur offensée, elle fit bien quelques difficultés, mais tout ce bruit n'était que pour la forme.

Olympio n'eut pas besoin de recourir à la menace d'une accusation tombée devant la perspicacité de Daniel.

La baigneuse livra ses trésors avec usure, sans éprouver le moindre déplaisir de leur fortuite exhibition.

Depuis cet heureux jour, Olympio rechercha avidement les commissions de la Reine, il en inventait même pour avoir le bonheur de les apporter souvent à la grotte, où la camérière les recevait, sur son élément, aussi belle que Vénus sortant des flots. Mais, hélas ! les plaisirs comme les peines ont toujours une fin, le pot aux roses fut découvert, un traître écho répercuta les ébats du mystérieux asile dont les secrètes aventures défrayèrent bientôt toutes les conversations des salons aristocratiques de Madrid.

Le marquis de Las Marismas n'était pas de facile accommodement, il poussa les hauts cris contre la perversité de Mademoiselle de Montijo, qui lui avait, disait-il, débauché son jeune frère Olympio.

Madame de Montijo, dans le but d'étouffer le scandale, proposa le mariage comme accommodement.

L'irascible Marquis ne sut alors contenir l'explosion de son ressentiment et congédia la Comtesse avec ces méprisantes paroles : Est-ce que vous me croyez, Madame, assez sot ou assez fou pour faire épouser une fille à mon frère ?

La reine Isabelle, qui pourtant ne professait pas trop de sévérité en fait de galanterie, se vit obligée de relever de leurs fonctions et la dame d'honneur et la camérière.

La comtesse de Montijo n'y tint plus; elle fit ses dispositions et partit avec sa fille pour la Belgique, pensant trouver pour elle à l'étranger un établissement convenable qu'elle n'espérait plus rencontrer en Espagne.

Le jeune duc d'Ossuna de l'Infantado, son neveu, devint par dévoûment leur compagnon de voyage : ce dévoûment ne tarda pas à obtenir sa récompense.

CHAPITRE IV

LES HYMENS CLANDESTINS ET L'HOROSCOPE.

Sur la fin du mois de juin 1849, l'hôtel de Flandre, situé rue de Vauxhall à Spa, donnait l'hospitalité à trois voyageurs de distinction qui arrivaient d'Espagne, suivis d'un cortége annonçant une brillante position.

Deux grandes dames, la mère et la fille, un jeune homme d'une tenue irréprochable et d'une parfaite honorabilité composaient cette aristocratique famille.

Dans les villes d'eaux, l'arrivée des étrangers appartenant au monde élégant produit toujours une certaine sensation. Les habitants qui spéculent sur la publique affluence pour prélever un gros intérêt sur les frais avancés, se montrent on ne peut plus empressés à rendre le séjour agréable, et tiennent à cœur, dans le but d'honorer leurs foyers, de faire connaître, dans les feuilles locales, le nom des hauts personnages qui leur font la grâce de les visiter. Toute la ville apprit donc l'arrivée d'une grande Comtesse espagnole qui s'appelait Madame de Montijo, accompagnée de sa fille Mademoiselle Eugénie et de son neveu Son Excellence Monseigneur le duc d'Ossuna, comte et duc de Bénévent et de l'Infantado.

Dès le premier jour, Monseigneur le Duc et Mademoiselle Eugénie se firent remarquer par le luxe de leurs dépenses, dans les excursions récréatives qu'ils ne manquèrent pas de se procurer publiquement.

La gêne est une entrave qui retient les sots ; or, nos deux jeunes amis n'étaient pas sots, aussi ils ne prirent pas la peine de s'imposer la moindre contrainte.

La belle Eugénie avait apporté un costume de circonstance qui relevait admirablement la grâce de ses formes séduisantes. Elle montait régulièrement tous les jours un cheval, qu'elle enfourchait virilement comme le plus robuste et le plus infatigable cavalier ; le duc d'Ossuna lui servait de page, et, à l'heure convenue, ils partaient, à fond de train, allaient se perdre dans les fouillis de la montagne, fumant les âpres senteurs du Maryland, et rentraient sur le soir épuisés de fatigue, à laquelle les doux jeux de l'amour n'étaient peut-être pas totalement étrangers.

La mère Montijo, en femme prudente et avisée, n'avait pas manqué de donner à sa fille de sages avertissements.

— Si tu veux trouver un mari, résiste ! lui avait-elle dit. La fille avait promis la résistance... mais l'occasion, l'herbe tendre, quelque diable aussi la poussant par les séduisantes sollicitations du jeune Duc, avaient fait s'anéantir comme par enchantement ces bonnes résolutions.

Le tendre duc d'Ossuna était devenu l'heureux possesseur des charmes de la belle qui n'avait pu se montrer longtemps sévère en présence d'un aussi magnifique assaillant.

Le soir, lorsque la fraîche brise avait remplacé la chaleur du jour, on pouvait suivre, sur les limpides bords de l'Embleteuse, les deux amoureux se glissant mystérieusement dans l'ombre, et recherchant, en caquetant de leurs rêves, le silence et l'isolement, dans les dédales des fourrés.

Ils y faisaient une longue halte, se promettant, en face des étoiles, le plus inviolable attachement; et puis, rêveurs et sans soucis, ils gravissaient la douce pente qui conduit à la cascade de Coô, dont les eaux écumeuses formaient à leurs pieds de petits lacs argentés, où se mirait Phébé, comme dans une belle glace de Venise.

Là, pour goûter plus longtemps le calme des belles nuits parsemées d'étoiles, ils s'asseyaient sur un banc de gazon préparé pour les délassements des baigneurs, s'entretenaient, la main dans la main, la bouche animée du même sourire, cueillant de temps en temps ce qu'on aime à cueillir sur des lèvres roses, jusqu'à l'heure avancée qui arrivait toujours trop tôt pour sonner le signal de la retraite.

La chronique scandaleuse, grâce à l'indiscrétion des curieux, avait beau jeu dans les réunions du soir. La belle Eugénie enflamma l'imagination d'un poète qui lui adressa incognito le produit rimé de ses soupirs.

A EUGÉNIE.

Le feu des passions étincelle en tes yeux,
Et sur ton front se lit l'amour impétueux.
 En toi tout séduit, tout étonne,
 Tout annonce un cœur agité;
 Et jusqu'à l'air qui t'environne,
 Tout enivre de volupté.

> Adorant ton amant jusqu'à l'idolâtrie,
> Afin de mieux lui plaire, tu inventes, varie,
> Et ta brûlante imagination,
> S'écartant pour aimer des routes ordinaires,
> S'égare et va chercher au séjour des chimères,
> D'un bonheur idéal le magique rayon.

La belle Eugénie trouva ces pensées adorables; le jeune duc d'Ossuna, qui n'était pas poète, parce qu'il avait épuisé auprès de la belle *le bonheur idéal du magique rayon*, lui laissa le loisir d'enivrer de la même volupté l'audacieux soupirant; il prit la même route que lui avaient précédemment tracée le duc d'Albe, le marquis d'Alcanirez, Olympio Aguado et tant d'autres qui n'avaient pas encore profité de l'occasion, si souvent offerte à leur agréable retour.

Pendant que la belle Eugénie demandait à sa mère des consolations sur le résultat désastreux d'une pareille éclipse, un domestique de l'hôtel frappa discrètement à la porte et annonça qu'un inconnu voulait parler à Mademoiselle de Montijo.

Ces dames, dans l'état de désolation qui les accablait, firent répondre qu'elles ne pouvaient recevoir.

— Je sais, dit l'inconnu au domestique, la tristesse qui les travaille, mais retournez leur dire que j'ai à leur révéler des choses de la plus haute importance, et qu'il faut absolument que je parle en tête-à-tête à Mademoiselle de Montijo.

Cette singulière insistance piqua souverainement la

curiosité de la jeune fille ; elle céda, et fit entrer le messager dans une pièce voisine du salon.

C'était un tout petit vieillard, vêtu de noir, laissant échapper d'abondants cheveux blancs, comprimés sous une calotte noire. Il tenait dans sa main une baguette magique, qui roulait sous la pression de ses doigts, sur lesquels d'ailleurs se fixaient, en ce moment, ses yeux pleins d'un feu tout juvénil.

— Mademoiselle, dit-il en entrant, sommes-nous seuls, absolument seuls ? Personne ne doit entendre ce que je vais vous dire.

A ce début si peu encourageant, Eugénie ne put se défendre d'un sentiment de frayeur ; mais en jetant, à la dérobée, son regard sur la faiblesse de son interlocuteur, elle aperçut un vieillard débile, dont sa pudeur n'avait pas à s'effrayer.

— Nous sommes à l'abri de toute indiscrétion, répondit-elle timidement.

— Vous avez devant vous, Mademoiselle, un être tout puissant, qui dispose à son gré du sort de tous les hommes.... Ne vous effrayez pas ! J'ai tiré votre horoscope, en vous suivant dans vos sentimentales pérégrinations.

Je vous apporte aujourd'hui deux présents : la grandeur suprême ou la beauté presque éternelle, choisissez ; mais je dois vous prévenir que la première touche à un abîme.

— Vraiment, Monsieur, répondit l'Espagnole, en éclatant de rire, vous êtes un étonnant séducteur.

— Mademoiselle, si vous voulez me croire, ne vous

moquez pas d'un être que vous ne connaissez pas. Je vous le répète, choisissez : un trône, ou l'éternelle jeunesse ! Je n'ai pas longtemps à attendre; dans une minute, il sera trop tard !

— Oh ! Monsieur, je n'hésite plus, je veux un trône, répondit Eugénie sans réfléchir.

— Vous aurez un trône, mais vous l'arroserez de vos larmes. Je vous demande surtout un secret inviolable jusqu'au jour qui n'est pas loin, où votre vœu sera satisfait.

Mettez ici votre nom ! et le vieillard offrit une tablette à feuilles rouges, sur lesquelles Eugénie signa en recevant un coup de baguette sur l'épaule gauche.

— Dans trois ans et six mois : SALUT A SA MAJESTÉ : vous allumerez une grande passion ; toutes les femmes ambitionneront votre sort. Ne croyez pas, Mademoiselle, que ma prédiction approche de la facétie ou de l'enchantement. Je suis la vérité, et ce que je viens de vous dire s'accomplira en son temps. Plus de questions, je n'ai pas de réponse à vous donner.

Vous ne me verrez qu'une autre fois dans la vie ; mais vous n'aurez plus alors que quelques jours à vivre, et vous serez plongée bien bas dans la honte du déshonneur et du désespoir.

Le petit vieillard disparut à ces mots, laissant la jeune fille en proie à une mortelle épouvante.

La mère Montijo avait tout entendu ; aussi ne fut-elle pas surprise par la pâleur et l'effroi que révélait le visage de sa fille lorsque celle-ci revint auprès d'elle. Le mot de secret avait été prononcé, elle se garda donc de faire aucune question importune, ni de rien articuler pour lui faire connaître la source de ses informations.

La mère et la fille se préparaient à partir pour Paris; elles devaient toutefois s'arrêter quelques jours à Bruxelles, où les attendait un jeune seigneur de leur connaissance, connu dans le monde par sa générosité et sa haute naissance, le prince Camerata.

Celui-ci reçut avec honneur les deux visiteuses; quelques heures de tête-à-tête suffirent pour animer toutes ses sympathies; avant la fin de la semaine, le prince Camerata était particulièrement enamouraché de la belle Espagnole.

Eugénie, qui attendait un trône, ne se montra pas cruelle avant de l'obtenir; Camerata était beau, riche et entreprenant : ajouter un heureux de plus sur son catalogue ne lui parut pas une chose très-dangereuse; elle fit donc le bonheur du Prince et le sien par contre-coup.

Bruxelles, témoin de leurs solitaires promenades, n'était plus un théâtre digne de leurs amours : les plaisirs de Paris séduisaient le beau couple; on laissa donc la Belgique pour la capitale de la France, où les trois voyageurs arrivaient sur la fin de l'année 1849.

La Comtesse portait une lettre de recommandation pour un célèbre banquier de la rue Laffitte. M. le baron de Rostchild se montra on ne peut plus bienveillant, il ouvrit son cœur et sa bourse aux deux étrangères, et les admit insensiblement à partager les joies de son brillant intérieur. Mademoiselle de Rotschild devint l'amie et la confidente de Mademoiselle Eugénie de

Montijo ; les frais bosquets de Ferrières, les somptueux salons du château fournirent souvent un abri à leurs mutuelles confidences ; l'avenir brillant souriait aux deux jeunes filles. Mademoiselle de Rostchild possédait la royauté de l'or, il ne lui manquait plus que la royauté de la puissance, et l'on affirme qu'après les déboires matrimoniaux de Sa Majesté des Français, elle portait ses aspirations jusque sur le trône des Tuileries.

Mademoiselle de Montijo avait, elle aussi, une royauté qui attire les sympathies de la foule : elle possédait la beauté. Une fée, sous les formes d'un vieil homme, lui avait promis un trône. Elle aspira donc, elle aussi, à devenir la femme du César qui dominait sur la France. Il fallait seulement pouvoir l'aborder. La fortune arrangea la présentation, par l'intermédiaire du Baron, roi de la finance, qui fit participer sa protégée à l'invitation officielle que le grand Chambellan du palais lui avait adressée pour assister aux fêtes et aux chasses impériales de Compiègne.

Le lecteur connaît déjà les incidents favorables qui ont fortement ancré dans un cœur les charmes de la belle Eugénie.

Le Maître est profondément blessé, il dépend d'elle de guérir ses blessures, mais cette fois elle sera aussi habile que sage : suivons-la dans la chambre de sa mère, et écoutons les maternels conseils que la prudence la pousse à lui dicter à huis-clos.

CHAPITRE V

Mlle EUGÉNIE PROUVE A LOUIS-BONAPARTE QU'IL VAUT
MIEUX TENIR QU'ESPÉRER.

Dans une belle et vaste salle du château de Compiègne, la comtesse de Montijo et sa fille se communiquaient leurs mutuelles impressions.

Elles venaient de quitter la salle du festin, où le dîner servi après la chasse avait réuni de nombreux convives. Mademoiselle Eugénie emportait la palme de la soirée; elle avait eu l'honneur de siéger à la droite du maître, lequel s'était appliqué à la combler de prévenances et avait fini au milieu des pétillements du champagne, par lui déclarer l'amour ardent dont il brûlait pour elle.

Eugénie lui avait donné une gracieuse réponse et beaucoup d'espérances. Après quoi, profitant d'une occasion, elle s'était dérobée pour rejoindre sa mère qui l'attendait, et lui annoncer la visite prochaine de Sa Majesté.

Les deux Espagnoles étaient sous les armes; une ravissante toilette rehaussait les grâces naturelles de la jeune fille qui racontait verbalement à sa confidente naturelle les doux propos de son impérial adorateur.

— Ma fille, disait la mère, tu sais combien je t'aime; ton bonheur futur est désormais mon éternel souci. Ma vieille expérience me donne le droit de connaître les hommes et de les juger : tu ne m'as point écoutée jusqu'ici, tu n'as point su te défendre, et les volages qui t'ont tout promis facilement, t'ont délaissée plus facilement encore après la jouissance.

Les hommes, pour arriver à leurs fins, promettent toujours, et ne tiennent presque jamais !

Tu as aujourd'hui porté un grand trouble dans le cœur de l'Empereur des Français ; il te promettra monts et merveilles pour te posséder ; c'est un vieux débauché qui connaît toutes les rouéries des diplomates en amour. Si tu cèdes, tout est perdu, il t'abandonnera comme tant d'autres ; si tu sais habilement résister, sans lui faire perdre l'espérance, crois à ta mère, il t'épousera !

Mais pour cela, il faut simuler avec lui toutes les chastes émotions de la pudeur offensée, exciter ses désirs sans jamais les satisfaire ; tu dois être tour à tour forte, faible, aimante et passionnée, et te renfermer, aussitôt que le feu brûle, dans la timidité qui s'offense des licences et dans la froide réserve qui attise, en les modérant, les appétits sensuels.

— Il me sera d'autant plus facile, ma mère, répondit Eugénie, de suivre vos bons conseils, que je dois vous avouer franchement toute la répulsion que cet homme m'inspire. J'ai cédé autrefois, mais les cavaliers étaient si beaux pour excuser mes faiblesses. Ici tout me repousse et me dégoûte, en ce personnage que je trouve aussi laid que prétentieux.

— Ce personnage laid et prétentieux, ainsi que tu l'appelles, est Empereur ; sa femme deviendra Impératrice : ce titre est suffisant pour vaincre les répugnances du cœur et pour faire accepter le sacrifice, lequel, soit dit entre nous, n'est pas énorme.

Les penchants du cœur sont irrésistibles, quelle que soit notre condition ; tu as aimé, tu aimeras encore, le sacrement n'y fera rien. Tu n'auras qu'à user de ta sagacité, et sous ce rapport je suis parfaitement rassurée. La partie s'engage aujourd'hui pour toi ; tu tiens les atouts dans les mains, il dépend de toi de la perdre ou de la gagner.

— Je la gagnerai, foi d'Espagnole ; je la gagnerai, je vous en réponds.

— Ainsi soit-il, ma chère fille, mais laisse-moi te donner un dernier conseil : imite Madame de Maintenon qui renvoyait son royal amant toujours affligé, mais jamais désespéré.

A ce moment, un coup discrètement frappé résonnait à la porte ; un huissier l'ouvrit et annonça : l'Empereur.

Madame la Comtesse s'était promptement éclipsée et allait faciliter dans la pièce voisine le mystère du tête-à-tête dont le résultat devait être décisif.

L'Impérial amant avait hâte de rejoindre celle qui enflammait tous ses désirs ; il quittait à l'instant même ses intimes confidents auxquels il avait communiqué les amoureuses ardeurs qui l'embrasaient à l'encontre de Mademoiselle Eugénie. Chose étonnante ! cet homme, si audacieux naguère, se sentait pris aujourd'hui d'une invincible timidité ; il avait eu besoin de ranimer son courage par les habiles excitations de ses intimes courtisans.

Morny s'était chargé de remonter les ressorts de son esprit découragé. — La prude fait la cruelle, avait-il dit à Sa Majesté, c'est une comédie, Sire, ne vous laissez point duper; vous êtes assez puissant et assez entreprenant pour tout oser, même en promettant le trône : promettre est un, mais tenir..... c'est une autre affaire. Vous avez tant de choses à promettre : fidélité, amour sans partage, diamants, considération, même la couronne ; si les promesses ne produisent pas des résultats satisfaisants, on a du courage, morbleu ! on emporte de force les places qui se défendent ; après le siége, l'assaut. Vous voyez bien, Sire, qu'il ne vous reste que l'embarras du choix.

— Mais si elle résiste, et que par désespoir elle se porte à la dernière extrémité !

— Bah, Mademoiselle Eugénie n'est point une Lucrèce, le poignard ne saurait percer un aussi joli cœur : ce serait un trop grand malheur.

Tenez, Sire, je crois l'avoir bien jugée : c'est une rouée qui voudrait vous mener..... par le bout du nez, et monter après sur le trône de France. Vous qui faites marcher tant de monde, vous laisserez-vous mener par le bout du nez ?

— Non, sans doute, répondait Sa Majesté, et de ce pas je vais commencer le siége.

La belle assiégée était, avons-nous dit, sous les armes lorsque Sa Majesté entra. Elle était nonchalamment assise dans un immense fauteuil, en un négligé d'attitude, qui ne manquait pas de coquetterie ; sa noble tête, couverte d'un diadème de perles enchevêtré dans sa blonde chevelure, reposait sur sa main gauche, dont le bras gracieusement accoudé laissait percer à travers son éclatante blancheur la trace bleuissante de ses veines; un bracelet de diamants brillait de tous leurs feux aux clartés des candelabres ornés de nombreuses bougies.

L'Empereur, séduit par cette pose voluptueuse, était resté quelques instants à la contempler; il s'avança vers la belle qui s'était aussitôt levée, prenait la main que lui tendait l'astucieuse syrène, et la guidait auprès d'un canapé où Sa Majesté daignait s'asseoir en l'invitant avec empressement à l'imiter et à se poser à ses côtés.

Un silence de quelques secondes suivit cette délicate opération; le Prince le rompit le premier.

— Je vois que vous rougissez, Mademoiselle; devrai-je l'attribuer au plaisir que vous avez de me voir?

Mademoiselle leva ses yeux bleus baignés de larmes et resta muette.

— Pour mon compte, reprit le Prince, je brûlais de vous retrouver et de vous exprimer encore une fois que je vous aime.

A ce mot, Mademoiselle fit un soubresaut, comme si elle eût ressenti l'atteinte d'une piqûre.

— Sire, répondit-elle humblement, l'amour de Votre Majesté m'honore au-delà de ce que je puis dire; il ne tient qu'à Elle de le faire agréer par ma mère, qui possède tous ses droits sur ma liberté.

— Votre mère, ma chère amie, ne peut mettre obstacle aux généreux sentiments qui m'animent; votre sort nous est également précieux. Pour faire ton bonheur, ange de mes rêves, je suis prêt à tout sacrifier; car vois-tu, du jour où je t'ai aperçue, tu es devenue nécessaire à ma vie. Je t'aime, comme le parterre aime les fleurs, comme la plante aime la rosée; je t'aime et je meurs sans toi.

Sa Majesté s'enivrait de paroles, sa tête se troublait, et dans le trouble il enlaçait déjà dans ses bras la prude qui glissait agile comme une couleuvre, au moment où il portait sa bouche sur ses lèvres roses pour y voler un premier gage de bonheur.

— Sire, dit Eugénie, avec un visage sévère, et d'un ton qui simulait la dignité :

Je vous ai déjà dit que votre amour m'honore au-dessus de toutes choses; mais je me vois obligée de vous faire observer que la manière dont vous me l'exprimez n'est digne ni de votre Majesté, ni de mon honneur.

— Pardonnez-moi, ma douce amie, reprit Bonaparte en se rapprochant d'elle, mes paroles rendent bien mal les sentiments de mon cœur. Je tiens autant à vous honorer qu'à vous aimer. Votre honneur, votre gloire, votre bonheur feront désormais ma seule sollicitude. Je serai toujours fidèlement dévoué à votre culte. Donnez-moi seulement un tendre gage, permettez-moi d'essayer un avant-goût.

— Sire, vous ne me connaissez pas sans doute : les principes sévères que j'ai reçus dans ma maison m'ont appris que l'honneur d'une femme est au-dessus de toute humaine considération. Je ne puis consentir à ce que vous demandez de moi pour tous les trésors et toutes les gloires de la terre. Je veux bien vous aimer et vous appartenir, mais dans les liens que la religion sanctifie et devant lesquels aucune femme ne trouve point le remords qui fait rougir.

Ma mère ne vous refusera pas ma main; je serai heureuse d'être votre compagne légitime et de contribuer ainsi au bonheur de votre bienveillante Majesté.

— Vous ne savez pas, chère amie, ce qu'on appelle des raisons d'État. (L'élève de Morny mettait la leçon en pratique.) Il m'est impossible pour le moment de faire ce que mon cœur désire; mais ce que je promets solennellement devant vous, mon ange, c'est de n'épouser jamais une autre femme que vous, lorsque les raisons d'État qui me lient aujourd'hui cesseront de m'imposer cette dure obligation, je jure de vous conduire à l'autel et de vous présenter à ma Cour comme sa gracieuse Impératrice. Mais d'ici là, ne me faites pas souffrir, cédez à ma flamme; laisse-moi m'enivrer sur ton sein et y mourir de bonheur.

Pour la seconde fois il étreignit dans ses bras la coquette créature qui parvint, comme la première fois, à briser son étreinte, en disant d'une voix entrecoupée par les sanglots :

— Je suis donc bien malheureuse d'avoir allumé dans votre cœur une passion que ma conscience me fait un devoir de ne pas laisser satisfaire. Sire, vos poursuites me font autant souffrir qu'elles me causent de plaisir, parce que je sens que je vous aime; elles me font souffrir parce que la raison me dit que je ne puis être votre maîtresse. Plutôt mourir que de mépriser mes devoirs. Vous voulez, dites-vous, me faire partager votre fortune, lorsque les raisons d'État vous le permettront : attendons avec patience cet heureux moment; aimez-moi noblement comme je vous aime; la Providence vous bénira en brisant les obstacles qui entravent votre liberté.

Adieu, Sire, permettez-moi d'espérer et de me soustraire à des émotions trop pénibles pour ma faiblesse.

En disant ces mots, elle se leva avec la majestueuse prestance d'une reine, salua d'un adorable sourire Sa Majesté qui n'avait plus de contenance :

— Ma mère m'attend, Sire, veuillez bien m'autoriser à la rejoindre...

Et elle disparut, lançant comme bouquet un de ces regards fascinateurs que les grandes comédiennes ont toujours en réserve pour la fin.

Madame la comtesse était dans la coulisse; elle avait tout compris.

— Bravo, ma fille ! lui dit-elle en la pressant sur son cœur, tu es admirable. Dès ce moment tu as conquis une couronne : avant huit jours tu seras Impératrice des Français.

L'Empereur était stupéfait. Cette scène, qu'il n'avait pas prévue, avait jeté dans tous ses appétits la perturbation la plus anormale; il rentra dans ses appartements en proie à de frénétiques transports. Depuis longtemps déjà, Sa Majesté portait le germe d'une maladie cruelle causée par le débordement de ses excès.

La science appelle *Satyarisis* la dégoûtante lubricité qui porte les malheureux qui en sont atteints à rechercher à chaque instant les excitations de la luxure.

Avec des désirs sans cesse renouvelés, les yeux brillent et étincellent, la face est animée, la bouche écumante, les traits contractés par un rire hideux.

Obsédé nuit et jour par des pensées voluptueuses, toujours en proie à son implacable salacité, le satyrisiaque ne peut trouver le repos ; il en résulte un désordre général dans l'organisme qui amène la folie, des fureurs et quelquefois la mort.

Les habiles manœuvres de Mademoiselle Eugénie avaient réveillé par les désirs tous les symptômes qui dormaient impuissants dans les sens fatigués de Sardanapale.

Il s'était jeté sur sa couche, tourmenté par un épouvantable délire ; des sons entrecoupés s'échappaient de sa gorge haletante, et les nombreux assistants qui lui prodiguaient leurs soins empressés avaient recueilli plusieurs fois un nom ; c'était celui d'Eugénie, qui avait particulièrement aggravé toutes ses convulsions.

Morny était le muet témoin de cette scène repoussante, il résolut d'y mettre un révulsif dès le lendemain matin, prenant sur lui tout l'odieux de sa démarche dangereuse.

Il se présenta donc au matin chez Madame la Comtesse, que cette visite matinale ne surprit pas ; elle s'y attendait, mais avec une mission autre que l'initiative prise par le messager.

— Madame, dit Morny en abordant gracieusement la Comtesse, je vous prends un peu à brûle-pourpoint, sans crainte de vous importuner. J'ai une grande affaire à traiter avec vous, et le désir que j'ai de la mener promptement à bonne fin est la seule excuse de mon impatience.

Vous n'ignorez pas que Sa Majesté est vivement éprise des charmes de votre fille ; vous ne devez pas ignorer aussi que des raisons d'État ne lui permettent pas de l'épouser... du moins pour le moment.

— Assez, Monsieur le Duc, je n'ai rien à voir dans les affections de l'Empereur ni dans les raisons d'État de sa couronne. Je suis la mère d'une fille vertueuse; il n'y a que la garde de son honneur qui puisse m'intéresser.

Morny, quoique habile diplomate, fut entraîné hors de ses gonds par une aussi audacieuse effronterie.

— Une fille vertueuse, Madame! et c'est à moi que vous dites ces choses! Allons donc! croyez-vous que nous sommes nés d'hier pour ne pas savoir les trames de ses galantes aventures?

La maîtresse avouée de tant de grands seigneurs espagnols, que je pourrais vous nommer, n'a pas à rougir du même titre que lui propose l'Empereur des Français.

— Vous oubliez sans doute, Monsieur le Duc, répondit froidement la Comtesse, que vous parlez à une femme, et à l'épouse d'un Montijo.

— Ce nom, Madame, devrait vous rappeler votre roturière origine qui se perd dans l'échoppe d'un épicier.

— Monsieur le Duc, sortez, dit-elle, vous méconnaissez toutes les convenances!

En me rappelant mon origine, dont je n'ai pas à rougir, vous me donnez le droit de vous rappeler la vôtre. Elle a une grande tâche, Monsieur, et votre conduite n'a guère réussi à la faire disparaître.

— Tenez, Madame, faisons trève de récriminations;

jouons cartes sur table. Vous avez de l'ambition, je le sais. Votre fille vous surpasse, s'il est possible, sous ce rapport. Que voulez-vous? quelles sont vos conditions? Toutes seront acceptées, hors le mariage.

— Hors le mariage, Monsieur, il n'y a rien à faire ; et malgré vos raisons d'État, je sais que le nom de ma fille vaut bien le nom de Werhuel. Si ma fille a eu des amants, comme vous l'affirmez, on la calomnie gratuitement. Votre Empereur a pris des femmes dans les boudoirs de la galanterie cosmopolite ; leurs titres se compensent donc, sous ce rapport. Pierre le Grand a choisi une impératrice dans le cabaret d'un de ses sujets de Livonie. Napoléon le Petit peut bien trouver la sienne dans le palais d'une comtesse ; Mademoiselle la comtesse de Théba y Montijo, dame d'honneur de Sa Majesté Isabelle II, est plus noble que Catherine de Russie.

Votre maître, qui n'est pas encore Pierre le Grand, peut s'abaisser jusqu'à elle sans craindre de se mésallier. C'est mon dernier mot, Monsieur, vous devez en prendre votre parti.

Le duc de Morny, malgré son habileté, n'avait donc pas gagné un pouce de terrain ; en prévision de l'avenir dont il commençait à craindre les suites, il accepta une nouvelle position par un mouvement de recul que la stratégie militaire appelle changement de front. Il se mit à mesurer la gravité de sa tentative, dans le cas où la belle Eugénie arriverait au-delà des marches du trône ; et afin de se préparer un abri contre ses futurs ressentiments, il ajouta avec une admirable assurance :

— Au reste, Madame, je ne remplis auprès de vous

aucune mission officielle. C'est de mon plein gré et par dévoûment pour les intérêts de l'Empereur que je me suis rendu auprès de vous. J'ignore complètement les intentions de Sa Majesté, et peut-être que les raisons d'État dont j'avais l'honneur de vous parler tout-à-l'heure, seront capables de se modifier devant ses bienveillantes dispositions pour les grâces de Mademoiselle la comtesse de Théba. Je sais combattre, Madame, mais je rends toujours les armes au vainqueur.

Morny tendit la main à la Comtesse, qui l'accepta en échangeant un regard d'où s'échappait tout un monde de mystères.

— C'est dommage, pensa-t-il en lui-même, que cette femme ne soit pas un homme ; elle eût roulé Talleyrand !

L'ambassadeur désappointé rejoignit son maître ; il le trouva calme, mais résolu.

— C'en est fait, mon cher Morny, lui dit le Prince, je ne puis vivre sans cette femme. Elle est nécessaire à mon existence. Vous savez les sottes hésitations des maisons princières de l'Europe ; n'y pensons plus ; j'élève jusqu'à moi une femme belle et de noble origine. L'Europe et la France l'accepteront pour Impératrice.

— Sire, répondit Morny, cet acte est très-important ; il ne faut pas l'accomplir à la légère ; prenez au moins quelques jours pour réfléchir.

Les réflexions étaient toutes faites ; les fêtes de Compiègne touchaient à leur fin. La Cour revint à Paris sur la fin de décembre. Le *Moniteur officiel* apprenait au monde que l'aventurier, nommé Napoléon, parvenu sur le trône après toute une odyssée de vie de bohême, épousait une fille d'Espagne, douée d'une grande beauté physique, il est vrai, mais qui s'était autrefois oubliée dans les jeux et les plaisirs de la courtisane de haut parage. C'était Mademoiselle Eugénie, comtesse de Théba y Montijo, ex-dame d'atours de Sa Majesté la reine Isabelle II.

LIVRE V

LE MARIAGE.

CHAPITRE PREMIER

TOUT N'EST PAS COULEUR DE ROSE AVANT LA LUNE DE MIEL.

Il n'est pas de fumée sans feu, dit le vieil adage. Les faits accomplis à Compiègne avaient allumé le feu dans ce château impérial : la fumée était arrivée jusqu'à Paris, poussée par le souffle toujours vigilant des chroniqueurs de la presse. On chuchotait donc à mot couvert; mais lorsque le *Moniteur* parla, ce fut une autre affaire; la sensation produite acquit bientôt toute la proportion d'un immense événement.

La presse était muselée en ce moment; mais les salons pouvaient parler. Partout, à l'atelier de l'ouvrier, à la mansarde du pauvre, à la boutique du marchand, dans les lambris dorés des familles aristocratiques, on s'entretenait de ce mariage imprévu, non pour l'approuver ou le défendre ; le sentiment unanime s'exprimait par des paroles de réprobation.

Le peuple surtout se montrait récalcitrant avec son caractère frondeur et accueillait par le ridicule cette nouvelle leur annonçant une auguste Souveraine (style officiel). Les ateliers avaient chansonné la future Princesse ; les saillies épigrammatiques inspirèrent la verve facétieuse des rimeurs ; les quatrains circulaient partout, au grand désarroi de la police qui parvint à saisir ceux que nous donnons ici :

> Montijo, plus belle que sage,
> De l'Empereur comble les vœux ;
> Ce soir, s'il trouve un pucelage,
> C'est que la belle en avait deux.

> Chacun son goût et sa marotte :
> Les cheveux roux sont en faveur ;
> Elle ne peut plaire au caroteur
> Autant que la couleur carotte.

La chanson, cette consolation du pauvre, fit concurrence à l'épigramme. Que voulez-vous, le peuple français est ainsi fait ; Mazarin l'avait dit un jour : ils chantent, mais ils paient.

Les salons du faubourg Saint-Germain, tout en discutant la carte à payer, se dédommageaient du sacrifice imposé à leur bourse, en racontant sur le compte des futurs conjoints, des anecdotes piquantes d'où ressortait merveilleusement la haute moralité de leurs actes passés. Mademoiselle Eugénie surtout, connue avantageusement depuis un an par l'aristocratique fashion des riches désœuvrés, avait une part toute particulière dans leurs spirituels lazzi. Dans ce monde là, le titre d'Empereur n'avait jamais été prononcé ; le Souverain s'appelait M. Bonaparte, quelquefois même M. Badinguet.

Vers le milieu de la rue de Varennes, un hôtel, de majestueuse apparence, recevait tous les soirs l'élite de la société titrée de la capitale.

Des dames à grand nom et à couronne ducale s'y réunissaient en foule ; les jeunes hommes favoris de la fortune et des grâces, des littérateurs et des savants, s'empressaient de papillonner le soir au milieu de cet essaim élégant, où les bons mots et les traits d'esprit si naturels à la galanterie française étaient sûrs de rencontrer toujours une très favorable hospitalité.

On était en train de tailler des croupières, avec l'élégance de manières et de ton, admis en cette circonstance, parmi les gens bien élevés, lorsque la porte du salon s'ouvrit et le valet de pied annonça : Monsieur le comte de C. T.

Le nouvel arrivant suscita un hourra d'enthousiasme ; ce fut à qui lui prodiguerait les marques du plus tendre empressement. Il s'approcha de la maîtresse de la maison, portant le titre de Duchesse ; saisit sa main potelée qui lui était familièrement tendue, l'approcha de ses lèvres et salua l'assistance avec la désinvolture du grand seigneur.

— Eh bien ! cher Comte, nous attendions votre arrivée

avec grande impatience : vous êtes notre messager politique, et c'est à juste droit ; car vous êtes toujours admirablement bien informé.

— C'est très gracieux à vous, Duchesse, de me stéréotyper en *Moniteur officiel*. — Aujourd'hui c'est le cas, et je vous apporte des nouvelles toutes fraîchement écloses.

Le silence se fit aussitôt ; on se rangea en cercle devant un bon feu, le jeune Comte le dos tourné à la cheminée, éclairée par les feux de nombreuses girandoles.

— L'affaire du mariage est conclue, dit-il, demain le *Moniteur* convoquera le Sénat pour en recevoir l'officielle communication.

— Ce n'est pas possible, s'écria-t-on de toutes parts.

— C'est tellement possible que cela sera ! Pauvre Eugénie, je ne me doutais guère, il y a trois mois, que ma belle suivante deviendrait mon auguste Souveraine ; que voulez-vous ; tel brille au premier rang qui s'éclipse au second, ajouta-t-il finement, en transformant le vers du poète.

Il y a trois mois environ, j'allais me distraire au bois, monté sur mon alezan *Reparator*. J'étais seul..... Lorsque un jeune Comte est seul, il fume en pensant à toutes sortes de choses ; je pensais donc, quand je vois venir à moi une belle Amazone, fuyant à fond de train ; à ma vue elle arrête son élan ; c'était Mademoiselle de Montijo, belle Espagnole arrivée à Paris sous les auspices du baron de Rostchild, et que j'avais vue à Madrid. J'avais eu l'honneur de la rencontrer déjà plusieurs fois, et je dois l'avouer, son entrain m'avait plu. Quoique Espagnole, Mesdames, Eugénie n'était point bégueule.

—Ah ! c'est vous, Comte, me dit-elle, vous montez là un superbe alezan.

— Superbe, c'est possible, répondis-je, mais fin trotteur, j'en réponds.

— Je serais bien heureuse de l'essayer, dit-elle, et comme je vous connais d'une complaisance extrême, vous ne ferez pas mentir aujourd'hui le dicton : ce que femme veut, Dieu le veut.

— Vous me jugez admirablement, Mademoiselle ; et en disant ces mots je désenfourchais mon cheval.

Mademoiselle Eugénie faisait en même temps un bond de gazelle, et me laissait dans tout l'embarras d'une grande difficulté.

Je n'avais pas à ma disposition une selle à l'anglaise. Je songeai bien alors à faire un échange, mais l'échange ne put être adopté ; la selle du cheval que montait Eugénie était trop petite, elle eût blessé le mien.

— Qu'à cela ne tienne, Comte, je monterai tel quel votre alezan ; et aussitôt dit que fait : voilà mon écuyère qui bondit en relevant sa robe et qui enjambe ma pauvre bête avec l'aplomb et la vigueur du plus habile cavalier.

Je m'arrange tant bien que mal sur la selle à l'anglaise de son coursier, et nous partons, humant les douces vapeurs d'un Londrés dont Mademoiselle avait daigné accepter l'offre spontanée.

Je vous assure, Mesdames, que la promenade ne me parut pas trop longue, et en pensant à ce moment, à tous les incidents que vous me permettrez bien de ne pas mettre sur le tapis, je ne puis me faire à la pensée

— 176 —

que Mademoiselle Eugénie soit sur le point de s'appeler Madame Bonaparte.

— Pourquoi donc, cher Comte, ils sont bien faits l'un pour l'autre ; vous savez : qui se ressemble, s'assemble.

— Je vous garde le bouquet pour la fin. Cependant... fit-il en passant sa main sur le front, j'hésite à livrer à votre bon goût une pièce de littérature qui sent un peu l'atelier. Je l'ai là, et il m'a fallu entreprendre toute une série de manœuvres pour dépister les investigations de la police, afin de me la procurer (1).

Et il montrait un lambeau de papier imprimé : — Voici le jugement de Salomon, Mesdames, car le peuple est aussi sage que ce grand Roi ; il se mutine quelquefois, mais il juge toujours très-bien.

— Lisez, lisez, Comte, dirent les dames en chœur.

— Je vous préviens : cette poésie sent un peu la roture. Je demande grâce pour vos oreilles ; vous les boucherez lorsque les sons deviendront par trop discordants ; laissez-moi seulement arriver au bout sans m'interrompre, et vous connaîtrez alors la chanson populaire sur le mariage impérial.

---

(1) Les agents avaient ordre de saisir toutes les pièces de poésie interlope, sur le compte du ménage impérial, qui se répandaient à profusion, à cette époque, dans la classe ouvrière : la chanson *la Badinguette* est une des moins ordurières.

(*Note de l'auteur*).

LA BADINGUETTE.

Chant populaire, sur l'air des *Canotiers*.

REFRAIN.

Amis du pouvoir,
Voulez-vous savoir
Comment Badinguette,
D'un coup de baguette,
Devint par hasard
Madame César ?

1er COUPLET.

La belle au fond de l'Espagne
    Habitait.
Oh ! la licheuse de champagne
    Que c'était !
Elle avait eu pour père,
    A ce qu'on dit,
Tous les célibataires
    De Madrid !
Et puis sur sa naissance on jase
    A gogo.
On l'appelle, par antiphrase,
    Montijo.

2ᵉ COUPLET.

Quand la Badinguette débarque
    A Paris,
Bonaparte qui la remarque
    S'en éprit.
Oh ! vrai, dit-il, et sur mon âme
    Soyons francs.
Oncle Jérôme, cette femme
    Vaut six francs !
Non, dit Jérôme, elle en vaut douze !
    Savez-vous
Qu'on n'a jamais vu Andalouse
    Au poil roux ?

3ᵉ COUPLET.

Badinguet cherchant, et pour cause,
    Le moyen
De l'avoir pour fort peu de chose,
    Ou pour rien,
S'en alla trouver la duègne.
    Pas honteux,
Il les embarqua pour Compiègne
    Toutes deux.
C'est lui qui ne pouvant attendre,
    Le grossier !
Dans un grand bal osa lui prendre
    Le fess..... ! *(Ici le Comte toussa.)*

4e COUPLET.

Viva Dios ! cria la belle,
    Caraco !
Sachez, Monsieur, que je m'appelle
    Montijo !
Quand on a cinq ou six cents pères
    Andaloux,
On vaut bien un Robert-Macaire
    Comme vous.
Ne croyez pas que je me donne
    Pour six francs.
Non, non. Il me faut la couronne
    Ou pas plan.

5e COUPLET.

Adieu rire, amour, champagne,
    Bal Musard ;
La voilà la chaste compagne
    De César.
On dit que la belle regrette,
    Quelquefois,
Ses noces et ses cigarettes
    D'autrefois.
Que l'Espagnole trop fière
    Pour plier,
De son mouton saura bien faire
    Un bélier.

Cette chanson un peu décolletée dans son allure, débitée par le Comte avec un entrain assez sémillant, passa comme une lettre à la poste, au milieu de cette société qui pardonnait la crudité de l'expression, parce qu'elle attaquait deux personnages qui étaient loin de posséder toutes ses sympathies politiques.

— C'est bien trouvé, dit la Duchesse ; vraiment, cher Comte, vous êtes très-amusant.

— Je suis prêt à continuer, Madame : la mine abonde en aventures ; il me faudrait un in-folio pour les inscrire ; peut-être ne parviendrai-je pas à épuiser le sujet.

Tenez, Mesdames, je m'arrête à un seul épisode..... Je le choisis exprès parce que je sais bien que les héros que je vais mettre en scène ne sont pas tout-à-fait de vos amis.

Un domestique en livrée faisait circuler, en ce moment, un riche plateau d'argent, contenant les bols de thé.

On se groupa autour de la table du salon, garnie de gâteaux et de friandises ; le Comte avala sa tasse et entreprit son nouveau récit.

— J'ai déjà, Mesdames, plusieurs fois accompli la visite de l'Espagne. Ce beau pays, avec ses mœurs et ses usages bien différents des nôtres, impressionne toujours l'étranger. Madrid surtout offre au touriste une foule de curiosités à observer et à admirer. Pendant mon dernier voyage, c'était quelques mois avant le mariage du duc de Montpensier avec la sœur de la Reine, il n'était bruit à Madrid que des tendres études d'une belle demoiselle de la haute société madrilène, fille cadette de Madame la comtesse de Montijo. Savez-vous, Mesdames, quels étaient, en ce moment, ses précepteurs? La belle n'avait pas trop mal débuté : elle avait été depuis longtemps déjà dégrossie par les assiduités scientifiques de plusieurs grands seigneurs espagnols ; après lesquels elle choisit ses maîtres dans une des familles princières de l'Europe, dont le chef a occupé pendant dix-huit ans le trône de France.

Le premier qui donna des leçons fut le duc d'Aum.... La jeune Andalouse aimait les arts ; les musées de Madrid regorgent de merveilles. Or, c'est dans ces belles galeries qu'ils allaient étudier les modèles. Ici, c'étaient *les Trois Grâces*, dues au ciseau d'un grand artiste. On admirait les contours délicieux et le reste ; la conclusion naturelle à tirer par les deux admirateurs, c'est qu'Eugénie ne leur cédait pas la palme; là, c'étaient les œuvres de peinture : *Susanne au bain,* la *Chasteté de Joseph* devant les exhibitions de Madame Putiphar. — Ah ! l'imbécile ! s'écriait Eugénie. Le Prince se le tint pour dit ; et il n'est pas besoin de vous assurer qu'il ne fut pas longtemps imbécile. Et d'un.

Le tour du prince de Join..... arriva ; celui-ci était un fier et habile marin, mais il aimait passionnément à peindre. Or, une conception du Prince lui avait fait rêver la reproduction de cette scène de la fable représentant Vénus sortant des flots azurés. Le Prince connaissait son élément, mais il lui manquait une Vénus pour modèle : de là son embarras.

Le duc d'Au...., qui savait par cœur les adorables perfections corporelles de Mademoiselle de Montijo, lui proposa de poser sans voile et de passer ainsi, toujours jeune, à l'immortalité sur la toile. Eugénie accepta de bonne grâce, et le prince de Join..... fit un beau tableau. La chronique ajoutait même que le modèle, par trop séduisant, avait modifié toutes les poses que l'artiste n'avait pas manqué de désirer. Et de deux.

Le duc de Mont..... perfectionna l'œuvre de ses deux frères ; la leçon se donna en plein champ. Le Prince adorait la campagne et la verdure. Le gazon tendre émaillé de marguerites, les timides violettes se cachant sous la feuillée avaient ses prédilections ; il fit partager ses goûts à Mademoiselle de Montijo, et la conduisit, en devisant sur les insectes et sur les roses, dans un frais taillis où les fleurs épanouies et tombant de leurs tiges avaient répandu une odorante ramée. Le tapis de verdure, la mousse toujours fraîche, le chant des passereaux, que sais-je encore, les fit s'oublier de longues heures sous les ombrages délicieux. Le duc de Mont..... reconduisit Eugénie, rouge comme un coquelicot, heureuse d'avoir reçu les leçons de si galants maîtres, possédant avec la science toute une illustration de puissants aïeux.

Voilà quelques détails inédits, Mesdames, sur le compte de Mademoiselle Eugénie. Sa Majesté, qui a déjà fait main basse sur les biens des d'Orléans, complète son œuvre en leur enlevant leur ancienne maîtresse pour en faire sa femme. Je vous convie à la fête ; elle promet d'être mirobolante !

L'heure avancée de la soirée sépara les mauvaises langues. Au reste, les mêmes histoires circulaient partout à l'unisson, et arrivaient par l'intermédiaire des policiers jusqu'aux Tuileries.

Napoléon ne se laissait pas abattre : il déclarait solennellement en présence de sa Cour et d'un grand nombre de fonctionnaires chamarrés d'or, que Mademoiselle la comtesse de Théba s'appellerait, le 29 janvier 1853, Sa Majesté l'Impératrice Eugénie.

CHAPITRE II

LA LUNE DE MIEL.

On a vu quelquefois d'illustres criminels échapper par la fuite à la vigilante sévérité de la justice humaine.

Le monde n'a jamais contemplé un malfaiteur émérite recevoir publiquement la récompense de ses forfaits.

La France a vu cette monstruosité, le jour où les voûtes de Notre-Dame de Paris ont acclamé le couple impérial.

Pourquoi donc ces flots soulevés de la multitude ? Pourquoi cette nuée ruisselante d'or, s'étageant sur les degrés en amphithéâtre de la vaste nef ? Pourquoi ces princes et ces pontifes ? Pourquoi ces savants et ces littérateurs ? Pourquoi tous ces esclaves et cette avalanche de budgétivores courtisans ? Pourquoi ces sons mélodieux de l'orgue mêlant ses accords aux voix sonores et aux instruments des artistes de l'Opéra ? Tout cet appareil triomphal s'adressait à un homme, et cet homme s'avançait sous le dais réservé aux mystères des cérémonies catholiques, entouré de prélats, de prêtres et de laquais, au milieu de la foule privilégiée des fonctionnaires endimanchés.

Cet homme, nous le connaissons tous : c'est le débauché proscrit dont la jeunesse s'est étiolée dans les embrassements des courtisanes ; c'est le ridicule héros de Strasbourg et de Boulogne; c'est l'échappé de Ham; c'est le parjure du 2 décembre ; c'est le meurtrier réfléchi des innocents des boulevards ; c'est Charles Louis Napoléon Bonaparte : il a pris aujourd'hui le nom de Napoléon III, et il épouse, en face du monde qui l'entoure, une femme qui s'appelle encore Eugénie de Montijo... Ce sera bientôt Madame l'Impératrice.

Après la cérémonie, qui fut longue, les grands corps de l'État, c'est-à-dire les gros partageux du budget, s'empressèrent de se rendre aux Tuileries, qui réunissaient, le soir, toutes les sommités impériales, afin de présenter l'hommage de leur obséquieux dévoûment aux choses et à la personne de la nouvelle épousée.

Nul ne manqua à l'appel : cardinaux, maréchaux, sénateurs, magistrats, généraux, suivis de tout un monde bruyant de grands sinécuristes grassement rétribués ; des femmes élégantes, des princesses, des duchesses de fabrique récente, partagèrent les heureux loisirs de leurs illustres maris, et eurent l'honneur insigne d'être présentées par le grand-maître des cérémonies à Leurs Majestés Impériales.

Celles-ci siégeaient solennellement dans la vaste salle du Trône, splendidement illuminée, sur deux fauteuils pareils couronnés d'aigles et entourés de vautours.

L'Impératrice portait au front le diadème de Marie-Antoinette, où brillaient dans toutes leurs splendeurs le *Régent* et autres diamants de la Couronne ; une robe de dentelles dessinait élégamment le contour de ses formes gracieuses ; Sa Majesté se contentait d'adresser un doux sourire aux personnages qui défilaient devant elle, après que le grand-maître des cérémonies avait décliné tout haut leurs qualités, leurs noms et leurs fonctions.

Que de consciences vendues, que de dévoûments tarifés, que d'intérêts égoïstes passèrent, en cette nuit, devant ce trône dégénéré !

Les poètes soudoyés par l'Empire en avaient déjà célébré la grandeur dans les vers qu'on va lire :

> D'un bonheur qui nous luit, ah ! bénissons les causes,
> Fêtons d'un même accord Eugénie et les roses ;
> Hymen, tourne longtemps le fuseau de l'amour,
> Et prolonge la nuit jusqu'à la fin du jour.

Le peuple était loin de se montrer aussi servile enthousiaste ; il murmurait déjà tout bas :

> Depuis que de César, en ses sacrés parvis,
> Un grand prélat a béni l'amourette,
> Notre-Dame-de-Paris
> Est Notre-Dame-de-Lorette.

La police était hors d'haleine ; elle était impuissante à saisir tous les délinquants : il faut le reconnaître, les délinquants étaient trop nombreux pour qu'il lui fût possible de les surveiller tous.

La belle Eugénie se croyait prédestinée à faire la joie de tous ses sujets en général et le bonheur de son illustre mari en particulier; mais hélas! l'homme propose et Dieu dispose, dit-on; Eugénie, malgré sa bonne volonté, n'obtenait que des mécomptes, et ce qui lui causait le plus de déplaisir, c'étaient la répulsion de la foule et les quolibets de l'atelier.

Elle s'en plaignait dans les doux entretiens particuliers, au milieu des intimes familiarités de l'alcôve. Le mari, dans ses moments d'expansive tendresse, promettait de tarir la source de ses larmes, en châtiant exemplairement ces satanés Parisiens, dont les propos gouailleurs n'avaient pas honte de les faire couler. Deux ouvriers du boulevard Beaumarchais furent les premières victimes choisies; mal leur en prit de n'avoir pas respecté les chastes chatouillements de Sa Majesté l'Impératrice.

Deux policiers qui avaient saisi au vol leur conversation, par trop compromettante, les entraînèrent devant le juge pour instruire leur procès. Six mois de prison, lestement attribués par le tribunal, leur donnèrent le temps de méditer sur les avantages de la vertu conjugale.

Un commis de M. Ritler, et tant d'autres, dont nous n'avons pas ici à raconter les déboires, payèrent de la prison quelques paroles malsonnantes à l'encontre du mariage impérial.

La presse française n'avait rien d'intéressant à dire, avec le sytème des *avertissements* suivis de suppression; mais la presse étrangère avait les coudées franches et elle en usait : les malheureux correspondants de Paris qui la renseignaient clandestinement furent activement recherchés et découverts par les limiers secrets de la police. Mazas leur offrit un asile pour réfléchir plus commodément pendant plusieurs semaines ; et lorsque les questions furent solidement discutées à huis clos, l'expulsion de France leur ouvrait les portes de l'étranger afin d'y utiliser leurs loisirs indiscrets.

Une femme pourtant troublait les doux passe-temps de la lune de miel de Sa Majesté Eugénie.

Miss Howard, congédiée avant le mariage, était revenue à Paris, dans son hôtel de la rue du Cirque, malgré les tendres oppositions de M. Mocquart, qui avait ordre de la conduire à Londres : elle avait échappé à sa particulière surveillance dès qu'elle avait appris le changement d'état de son amant.

Elle avait reçu, pendant son règne de favorite, tout un monde de souvenirs. Des autographes, des diamants, des bijoux, des titres de rente, tout cela se cachait dans ses meubles de la rue du Cirque ; à son retour, les meubles étaient fracturés, les papiers soustraits, les valeurs et bijoux disparus.

Elle jeta les hauts cris, comme un paon que l'on étrangle ; elle menaça d'un scandale que Sa Majesté, vu ses anciennes relations et les trois enfants qui en étaient le gage, voulut absolument éviter.

Une entrevue fut donc jugée nécessaire et acceptée ; au jour et à l'heure convenus, l'Empereur était en présence de sa chère maîtresse.

Miss, ravissante dans sa pose de rivale indignée, fut sublime de colère mêlée de tendresse.

— Voilà donc, Sire, dit-elle, le terme de mon amour ;

voilà la récompense de mon dévoûment et de mes sacrifices ! Vous m'avez préféré une femme qui est loin de me valoir..... Si encore le sang d'une race royale coulait dans ses veines, si ce mariage vous avait assuré une alliance d'un puissant Etat pour l'avenir, je devrais accepter mon sort sans me plaindre et sacrifier mes aspirations à la grandeur de votre pays ; mais non, vous vous êtes laissé berner par la fourberie d'une aventurière..... et.....

— Elise, n'allez pas plus loin, interrompit le Maître, je ne puis supporter plus longtemps vos récriminations que je comprends, mais qui dégénèrent en injures envers une femme qui est aujourd'hui la mienne et que je vous ordonne désormais de respecter.

Quant à moi, je n'oublierai jamais tout ce que je vous dois ; vous avez été pour moi plus qu'une vulgaire maîtresse... vous êtes d'ailleurs la mère de mes enfants.

J'ai donc pensé à votre avenir et au leur.

Voici des titres en règle qui vous constituent propriétaire et comtesse du château de Beauregard, avec un douaire de cinq millions de capital, dont le revenu, qui est de deux cent cinquante mille francs par an, vous donnera droit à une position sortable.

Beauregard vous offrira le même repos que la Malmaison procura à Joséphine, avec la différence que j'espère vous voir à Beauregard plus souvent que mon oncle ne visita Joséphine à la Malmaison. Je vous éloigne, mais je ne me sépare pas.

— Sire, votre bonheur a toujours été le but de mes constants efforts ; je vous obéirai donc, mais je vous aimerai toujours. J'emmène avec moi vos trois enfants ; je ne sais le sort que la Providence leur réserve. Je m'efforcerai de les élever dans les principes dignes de leur naissance ; d'ailleurs.....

A ces mots, les sanglots oppressèrent sa voix ; elle se mit à gémir et à verser un torrent de larmes..... qui eurent le don de toucher le cœur endurci de son ancien adorateur. Il pressa dans ses bras cette femme qu'il aimait encore, lui prodiguant ses plus amicales consolations.

Il ressentit les premières atteintes de son amour mal éteint ; il la quitta cependant, lui promettant de la revoir encore à Beauregard.

Nous l'y retrouverons plus tard ; nous avons pour le moment à raconter les actes tragiques qui suivirent bientôt la toujours trop courte lune de miel.

Un des premiers soucis de l'heureux parvenu l'avait poussé à constituer la maison de l'Impératrice sur un pied appelé à éclipser la splendeur des plus grandes maisons royales de l'Europe : dames d'honneur, dames d'atour, lectrices, secrétaire des commandements, écuyers, chambellans, que sais-je les riches sinécures qu'il inventa pour puiser largement dans les coffres du Trésor. Deux millions par an ne suffisaient pas à dorer toutes ces charges inutiles ; et si nous ajoutons les cadeaux en objets d'art, les soirées, les riches étoffes, les mille riens opulents que dévore la coquetterie d'une femme, nous aurons peut-être une idée du gaspillage des deniers de la France qui servaient à couvrir tant de somptueuses magnificences.

La voiture du mariage avait coûté cinq cent mille francs, non compris cinquante mille francs de harnais et soixante mille francs de chevaux ou de pourboire.

Puis, vint la dotation des Princes de la famille impériale et de Madame mère comtesse de Montijo. La France était inépuisable ; elle fournissait toujours aux dilapidations du Maître qu'elle s'était donné.

Tout marchait donc à souhait dans son impérial intérieur ; il ne lui restait plus rien à espérer qu'un héritier... La fortune sembla le servir encore à souhait, car, quelques jours à peine après le mariage, Sa Majesté l'Impératrice Eugénie déclara porter dans son sein l'avenir de la France.

Pour le coup, Sardanapale n'y tint plus : c'était trop de bonheur à la fois, et son étoile, désormais assurée, allait éclipser celle du grand homme son oncle..... Tout marchait donc au gré de ses désirs lorsqu'un événement inattendu vint changer subitement en tristesse toutes ces apparences de joies fort légitimes. Un tout petit billet d'amour détruisit cet échafaudage d'insolente prospérité.

Le prince Camerata, dont nous n'avons presque pas parlé, avait conduit, on s'en souvient, de Belgique, la belle Eugénie sa maîtresse..... Leurs relations, qui n'avaient cessé qu'à la veille du mariage impérial, laissaient frais éclos dans le sein d'Eugénie un fruit tardif de leur amour. Camerata, soucieux et désespéré, ne put se résoudre au silence ; il écrivit à l'Impératrice un poulet des plus enflammés, lui demandant peut-être un rendez-vous, peut-être autre chose. Nous sommes obligés de nous arrêter à cette alternative du doute, parce que ledit billet n'étant pas arrivé à sa destination, l'Empereur, qui l'avait saisi, grâce à la vigilance de son chambellan Bacciochi, n'eut garde d'en communiquer à personne le brûlant contenu.

Donc, celui-ci était supérieurement compromettant, s'il faut en juger par l'acte tragique qui en suivit la lecture immédiate.

L'Empereur très-taciturne, en proie à la plus vive agitation, sonna son valet de pied. Le valet de pied se présenta : — Prévenez Zimbo et Panelli de se rendre dans mon cabinet. Quelques instants s'écoulèrent ; les deux Corses, agents de sa garde secrète, étaient auprès de Sa Majesté.

L'Empereur endossa un costume bourgeois, s'arma d'un révolver et sortit par une porte dérobée... il était déjà nuit, quand il s'enferma avec ses deux compagnons dans la caisse d'un fiacre qui stationnait non loin de là.

Le cocher prit l'adresse, et au bout de demi-heure d'une course effrénée, grâce au pourboire de vingt francs donné d'avance, il déposait les trois inconnus à la porte de l'hôtel, où se cachait le prince Camerata.

Le Prince habitait un pavillon isolé d'un chalet suisse, situé à l'extrémité d'un petit parc. — Il était seul lorsque l'Empereur entra, suivi de ses deux satellites.

— Sire, quel honneur, s'écrie le Prince qui a reconnu son hôte.

— Ma visite ne devrait cependant pas vous surprendre, s'il est vrai que vous ayez écrit le billet que voici.

A cette vue, le Prince pâlit et veut se confondre

en excuses. Les deux agents, sur un signe, le saisissent, le bâillonnent, et après l'avoir fortement garrotté, ils fouillent tous les meubles, font une liasse de tous les papiers, minutieusement recherchés, dans l'espoir d'y trouver une correspondance. Elle avait disparu depuis quelques jours, grâce à la présence d'esprit du jeune possesseur. Après cela, ils délièrent le Prince.

— Une voiture nous attend; prenez vos armes; voici nos deux témoins, dit l'Empereur.

Camerata ne répondit rien, il se dirigea vers la porte : un coup de feu partit et le laissa sans vie sur les dalles de l'antichambre.

Un papier contrefait fut placé sur la table. L'écriture simulée du Prince déclarait qu'il mettait volontairement fin à ses jours pour apporter un terme à des chagrins occasionnés par de grandes pertes au jeu de la Bourse.

Les trois personnages, après cette sommaire exécution, remontèrent dans leur fiacre : Sa Majesté regagnait son cabinet, d'où son valet de chambre avait ordre d'affirmer qu'elle n'était pas sortie.

La police, suffisamment prévenue, accourait au domicile du prince Camerata qu'elle relevait gisant dans le sang, et attribuait dans son rapport au suicide cet accident passé inaperçu (1).

Lorsque tout était rentré dans le calme au château des Tuileries, Napoléon se rendait aux appartements de

---

(1) Mémoires secrets de Griselli. — Mémoires de Mme de Solms et de Mme Ratazzi.

l'Impératrice, froid, pâle, portant dans son cœur une tempête de colères.

— Madame, connaissez-vous cette écriture ? A cette vue, l'Impératrice s'affaissa. — Je ne puis accepter le fruit de vos adultères complaisances, Madame, vous m'avez indignement trompé... misérable comédienne ; hypocrite... ta vertu... Poussé par la violence de son emportement, le malheureux ne s'écouta plus ; il lança un coup de pied sur la partie apparente qui cachait le fruit illicite. Eugénie s'évanouit...

Les douleurs de l'enfantement suivirent... Le docteur Conneau promptement appelé reçut bientôt dans ses bras un avorton informe âgé d'environ quatre mois. L'Empereur présent à l'opération répétait sans cesse : sauvez la mère, détruisez le reste..... (1).

Le *Moniteur officiel* apprenait le lendemain à la France que Sa Majesté l'Impératrice avait accouché prématurément après des émotions inattendues, au grand désespoir de l'Empereur, dont l'attitude calme et résignée mettait toute sa confiance en la Providence.

Quelques lignes plus bas on lisait dans les faits divers : Le prince Camerata n'a pu résister au découragement causé par un grand malheur de Bourse ; il s'est laissé entraîner par les idées de suicide ; un billet trouvé sur la table de sa chambre à coucher ne laisse aucun doute sur le motif qui l'a poussé à cette déplorable détermination.

---

(1) Mémoires précités.

CHAPITRE III

LA GUERRE DANS LE MÉNAGE IMPÉRIAL.

L'Empire c'est la paix, avait dit à Bordeaux dans un discours demeuré célèbre, l'héritier du nom de Napoléon. Or, la parole ayant été donnée au petit homme pour déguiser sa pensée, c'est le contraire qui était vrai en cette circonstance : l'Empire n'était pas la paix ni pour l'Europe, ni pour le ménage des Tuileries.

La scène tragique que nous venons de raconter, et dont les émouvantes péripéties avaient transpiré au dehors, malgré la discrétion des acteurs intéressés, n'était que le commencement des hostilités domestiques. La guerre devait durer longtemps avec des intermittences d'armistices et d'accommodements, hélas! toujours trop tôt interrompus.

L'Empereur était désormais édifié sur les antécédents de sa femme; il savait maintenant qu'il existait une correspondance entre elle et le Prince qu'il avait assassiné. Il lui fallait les preuves authentiques : afin de les découvrir, il mit en réquisition le flair dévoué de ses plus fins limiers.

Une jeune femme, actrice assez acclamée au théâtre des Variétés, où elle était connue sous le nom de Mademoiselle Marthe, possédait ce précieux trésor.

Mademoiselle Marthe, qui n'était pas une Vestale, avait pris dans le cœur du prince Camerata la place laissée vacante par les épousailles de Mademoiselle Eugénie. Le prince Espagnol était expansif, qualité regrettable même avec les belles.

Il n'eut pas de secrets pour elle ; et c'est dans une communication de ce genre que sa nouvelle maîtresse avait appris la liaison, les rapports, et la grossesse de Sa Majesté l'Impératrice.

Elle avait même reçu en dépôt une cassette d'ébène, renfermant des souvenirs, tels que bague en cheveux, portraits, et des lettres d'amour où se révélaient les ardeurs de la jeune comtesse de Théba envers le brillant cavalier prince Camerata, auquel elle avait tout donné avec son cœur.

La police sait tout, même ce qui n'est pas. Elle eut vent du dépôt, en se mettant à la piste des anciennes relations du Prince défunt ; Mademoiselle Marthe fut désignée et aussitôt soupçonnée ; le soupçon conduit naturellement la police à la visite domiciliaire, et voilà pourquoi, au lever du jour, le domicile de la sémillante comédienne fut envahi, fouillé, mis sens dessus-dessous, malgré la résistance pudique de la jeune femme qui était encore dans son lit.

La cassette d'ébène avec son précieux contenu causa une grande émotion à celui qui l'avait découverte. On la mit sous bonne escorte, en compagnie de Mademoiselle Marthe, qu'on enferma à Mazas, pendant que la précieuse cassette recevait pour prison le cabinet particulier de Sa Majesté l'Empereur.

Les deux prisonnières (la cassette et la jeune artiste) avaient parlé, la première très-facilement, au moyen des autographes brûlants qu'elle renfermait dans ses flancs; la seconde, c'est-à-dire Mademoiselle Marthe, après s'être longtemps arrêtée à la négation, avait fini par tout avouer, grâce aux misères et aux tortures morales qu'on avait dû lui faire subir. Vaincue par les obsessions de questions importunes dont elle était continuellement assaillie; d'ailleurs, peu familiarisée par sa vie toute dissipée aux dures contraintes du secret d'un sombre cachot, elle déclara tout, et ses liaisons avec le prince Camerata, et les confidences de ce dernier relatives aux amours avec l'Impératrice, amours dont celle-ci portait un gage dans son sein. Cette femme malheureuse connaissait donc un secret d'État dont la révélation était désormais inacceptable. La complice devait disparaître, et elle disparut : elle expira dans sa prison, affolée de terreur et de délire. Dieu seul connaît la maladie qui produisit cette heureuse fin.

Le maître des Tuileries respira plus facilement lorsqu'on lui apprit cette bonne nouvelle; toutefois, comme il tenait à sauvegarder les apparences, il fut extérieurement pour l'Impératrice aussi empressé que par le passé; il lui réservait pour l'intimité du tête-à-tête toutes les saillies de son dépit et de sa mortelle vengeance. L'accident, que sa violente colère avait occasionné, eut des suites très-fâcheuses pour la tendre Eugénie. Les médecins, qui ont des noms à donner à toutes les infirmités humaines, étaient pourtant fort embarrassés pour classer dans la thérapeutique celle dont était affligée la belle Majesté ; on l'appela cependant *Tympanite chronique* ; le docteur Conneau, mieux avisé, la baptisa : *Hydropisie gazeuse*.

Hydropisie ou tympanite, cette infirmité devenait on ne peut plus désespérante pour elle et pour son entourage.

Des bouquets de violettes de Parme, constamment renouvelés, dissimulèrent par leurs suaves parfums les humides vents de bise qui s'élevaient trop souvent dans la direction du siége impérial.

Napoléon III était en plein dans la lune rousse ; il attendait la fin des tempêtes de la lune d'avril, en recherchant des passe-temps, toujours presque acceptés, au milieu des dames d'honneur et autres femmes nobles qui avaient les petites entrées des Tuileries. Ces passagères amours ne lui laissaient pas l'occasion d'oublier Miss Howard, auprès de laquelle il s'était plusieurs fois rendu dans son domaine de Beauregard.

Celle-ci, plus heureuse que le parterre légitime, avait vu son jardin fécondé pour la quatrième fois ; elle avait accepté avec le plus grand orgueil ce nouveau retour des anciennes faveurs du maître. Le fruit qu'elle portait dans son sein devait inévitablement, pensait-elle, resserrer plus intimement des liens qui l'attachaient à son sort.

La munificence impériale ne connut plus de bornes. Les documents que nous transcrivons ici ont été trouvés aux Tuileries après la fuite du 4 septembre ; ils donneront, je l'espère, à nos lecteurs, la preuve de la générosité avec laquelle l'Empereur dispensait les deniers de la France.

1° « Je reconnais avoir reçu de S. M. l'Empereur Napoléon III la somme de *un million* de francs, en date du 31 janvier *1854*.

Paris, 25 mars 1854.
» E. H. DE BEAUREGARD. »

2° *Lettre à M. Mocquard.*

« Monsieur Mocquard,

» Je reconnais avoir reçu jusqu'au 1ᵉʳ janvier 1854 la somme de *cinquante mille francs*, que je vous ai chargé de toucher *par mois*.

Paris, 31 janvier 1854.
» E. H. DE BEAUREGARD. »

3° *Notes des sommes payées par l'Empereur à Miss Howard depuis le 4 mars 1853 jusqu'au 1ᵉʳ janvier 1856.*

» 1ᵉʳ janvier, paiement du mois, 50,000 francs. J'avais promis trois millions, plus les frais d'arrangements de Beauregard, que j'évaluais tout au plus à 500,000 francs.

» J'ai donné :

1,000,000 le 24 mars 1853, suivant reçu ;
1,500,000 le 31 janvier 1854 ;
1,414,000 en rentes sur l'Etat ;
585,000 en rentes sur l'État ;
950,000 en paiement du mois.
────────
5,449,000   » NAPOLÉON. »

4° *Miss Howard à M. Mocquard.*

« Château de Beauregard, 24 juillet 1855.

» Mon cher ami,

» Nous sommes aujourd'hui le 24 juillet, et je vois avec peine que les engagements pris envers moi ne sont pas accomplis (quand j'ai douté, j'ai blessé, il ne faut plus se douter) en fait ; j'ai cru et je crois encore que c'est une erreur : pourquoi me faire souffrir ?

» Si les choses doivent être ainsi, j'aurais bien fait de garder les SIX millions, au lieu de TROIS millions 500 mille francs qui devaient, sur ma demande, être payés au bout de l'année 1853 ; et c'était pour cela que j'ai prié l'Empereur de déchirer la première somme (deux millions cinq cent mille francs). *Le cœur me saigne* d'écrire ceci ; et *si mon contrat* de mariage n'était pas fait comme il est, si je n'avais pas d'enfant, je ne ferais pas cette démarche qui est devenue un devoir.

» Je compte sur vous pour faire une fin sur tant de souffrances. Le cœur de l'Empereur est trop bon pour laisser une femme qu'il a aimée tendrement dans une fausse position où il ne voudrait pas être lui-même. Vous savez ma position ; vous êtes mon tuteur, et c'est à ce double titre que je m'adresse à vous.

» Je me suis trompée, l'autre jour, en écrivant à Sa Majesté. Par une de ses lettres en date de mai, il dit : « Je donnerai à Gilles demain papier pour les 3,500,000 francs. » Alors il n'est rien à faire que de calculer de

— 200 —

50,000 francs, depuis le 1ᵉʳ juin 1853, la rente, et 50,000 depuis janvier jusqu'à octobre.

» Je prie Dieu qu'il ne soit plus question d'argent entre moi et lui qui a tout autre sentiment dans mon cœur. Je vous embrasse tendrement et vous aime de même.

» Votre affectionnée,

» E. H. DE BEAUREGARD. »

« *P. S.* Je vous en conjure, ne laissez pas cette lettre. Vous pouvez en faire lecture à Sa Majesté, si vous le jugez convenable, et brûlez-la aussitôt après (1). »

Toutefois, les charmes et les tendresses si grassement payées de Madame de Beauregard ne suffisaient plus à l'impérial libertin ; ses recruteurs lui vinrent en aide ; ils avaient seulement une difficulté plus grande : il ne fallait pas laisser à l'Impératrice la facilité de récriminer et d'invoquer sur tous ses oublis l'argument de la réciprocité.

Le colonel des guides Fleury, très-bien placé dans les bonnes grâces des deux impériaux conjoints, se chargera de mener l'affaire ; cet homme, d'ailleurs suffisamment expert en ces sortes d'intrigues, arrangea le tout, au grand contentement des parties intéressées.

La fashion opulente de la capitale, habituée à cavalcader tous les soirs dans les ombreuses avenues du bois de Boulogne, remarquait, depuis plusieurs jours, une charmante et jeune étrangère qui éclipsait par son luxe

---

(1) Pièce trouvée aux Tuileries après le 4 septembre.

et ses excentricités toutes les célébrités du demi-monde, dont elle était particulièrement détestée. On se demandait l'origine et la position de cette belle fille d'Ève, au port majestueux, à la tête altière et à la tenue aussi élégante qu'irréprochable. On apprit aussi que la brumeuse Angleterre avait fécondé cette plantureuse fleur, d'où elle s'était transportée sur le sol parisien, afin d'y puiser pour son expansion une sève plus fortifiante.

Le monde des Tuileries allait tous les jours se récréer de ses fatigues dans les allées du bois ; ce monde-là avait remarqué la blonde Anglaise ; et les personnages sur lesquels l'impression avait été plus durable, on n'a pas besoin de le dire, s'appelaient Fleury et Napoléon III.

Fleury, dont le flair sûr le guidait invinciblement à la piste du gibier difficile, profita de sa position pour parader avec aisance autour de la voiture où s'étalait la belle ; il fit la roue, comme le paon, en mâchonnant sa moustache ; il l'accosta un jour que, vêtue de son ravissant costume d'amazone, elle se livrait au rude plaisir de la cavalcade sur un magnifique cheval arabe. Les brillants cavaliers l'entouraient en ce moment, et se montraient empressés à lui faire cortége, dès qu'il lui prendrait fantaisie de s'élancer en une course furibonde. Elle aimait ce genre d'exercice, conseillé par la science médicale aux désœuvrés de la vie, afin de leur donner un bon appétit pour le dîner qui les attend.

La course à fond de train distança bientôt les plus novices ; l'Anglaise et Fleury arrivèrent premiers, grâce à la solidité des jarrets de leurs coursiers rapides.

— Mademoiselle, à vous la palme de la victoire, dit

galamment le colonel. Si j'étais roi, je vous offrirais une brillante part de ma couronne. Mais je n'ai pas de couronne à vous offrir ; elle ne vaudrait certainement pas la vivacité des sentiments d'affection et d'estime que vous m'avez inspirés, le jour où j'ai eu le bonheur de vous entrevoir pour la première fois. Recevez-en ici l'expression avec l'assurance de mon dévoûment sans bornes.

— Je ne recherche ni la couronne ni les richesses ; j'aime à me distraire en chevauchant ; je ne dédaignerai jamais le dévoûment d'un cavalier tel que le colonel Fleury.

— Le dévoûment du colonel Fleury vous est désormais acquis, Mademoiselle, et la preuve que je vous en donne à l'instant, c'est de vous faire connaître le message dont je suis chargé de la part de mon maître l'Empereur, qui désirerait faire avec vos charmes une connaissance plus intime.

Sa Majesté pourrait déposer à vos pieds une couronne, non pour en orner votre beau front, mais pour vous aimer et vous faire la reine de son cœur.

— L'Empereur est trop galant, colonel, répond l'Anglaise en rougissant.

— Il dépend de vous de l'éprouver sur l'heure, à moins que vous ne préfériez me donner un avant-goût du bonheur qui lui est réservé.

— Vous, dit-elle, allons donc ! mais pour qui me prenez-vous ? Et, disant ces mots, elle cravache son cheval, qui s'échappe au galop, dans le fourré, laissant Fleury stupéfait et ébahi, au moment même où il préparait tout un magnifique plan de campagne.

Quelle étrange créature ! s'écria-t-il à demi-voix.

— Que faites-vous donc là, colonel? C'est ainsi que l'on vous surprend en tête-à-tête avec les belles amazones !

A cet appel inattendu, le colonel se vit subitement arraché à la rêverie sentimentale où l'avait plongé ce brusque départ; il se retourne et salue le duc de Morny, qui ajouta :

— L'Empereur a vu hier encore la femme qui causait tout-à-l'heure avec vous. Elle a fait sur son cœur la même sensation qu'Eugénie à Compiègne ; si la bigamie était permise en France, il serait homme à renouveler sa première édition. J'espère bien que votre diplomatie n'échouera pas comme la mienne ; pressez-vous, et soyez plus heureux que moi.

— Cher Duc, j'entamais à peine la question, lorsqu'une lubie a passé par sa tête ; elle m'a laissé sur le *carreau*, sans me donner le temps de lui retourner *cœur*... mais j'ai les atouts dans les mains, il faut bien que je gagne la partie.

— Pressez-vous, je vous le répète, l'on tient au succès en haut lieu. Passez par-dessus toutes les épreuves ; Sa Majesté s'en tirera bien, malgré les précautions que vous avez l'habitude de ne pas négliger et qui sont aussi sages qu'avantageuses... pour vous surtout... vieux scélérat, qui prenez, en galant homme que vous êtes, les droits les plus doux du seigneur.

— Je vous quitte, Duc, je me mets à la poursuite de ma fugitive, et j'entraîne pour la réduire ma réserve d'artillerie.

La poursuite et l'artillerie arrivèrent à temps : la belle, qui connaissait la stratégie amoureuse, s'attendait bien qu'on ne lui permettrait pas d'échapper, sans la pousser sur une nouvelle embuscade.

Fleury fut admirable de persuasion et d'éloquence. L'artillerie des diamants et des promesses fit le reste : rendez-vous était pris pour le soir, dans un appartement secret des Tuileries. Une voiture, aux armes de la Cour, conduisit, à l'heure voulue, la belle Anglaise dans le pavillon qui lui était réservé.

Le Souverain reçut sa nouvelle Egérie et resserra dans ses bras les liens qui allaient se former avec l'Angleterre en la campagne de Crimée, où les deux drapeaux devaient se confondre dans une même confraternité.

Un petit souper fin avait été servi dans le but de donner des forces aux combattants ; ils en savouraient déjà l'heureuse coordonnance, lorsqu'un profond soupir se fit entendre, suivi d'un cri perçant, puis plus rien qu'un bruit sec imitant la chute d'un corps sur le plancher.

L'Empereur... ne se dérangea pas trop vite ; il ouvrit une porte secrète : il vit dans la pénombre Sa Majesté l'Impératrice qui s'enfuyait précipitamment. Elle avait tout vu et tout compris : un sentiment de jalousie avait fait le reste.

— Je me vengerai ! avait-elle dit en partant.

L'Empereur referma sa porte et continua d'apporter ses impériales consolations à la belle lady, avec laquelle il était en train de consolider une alliance plus galante que politique.

Au petit jour, une voiture sans armoiries sortait des Tuileries par le guichet de la rue de Rivoli. Elle renfermait une jeune femme dont la présence devint désormais nécessaire dans le cabinet impérial, peut-être pour donner son avis sur les affaires d'État de la plus grande importance.

CHAPITRE IV

UNE CRAINTE DE DIVORCE.

L'Impératrice Eugénie, en montant les marches du trône, n'avait pas trouvé le bonheur qu'elle espérait; cependant le mariage qui lui en avait ouvert l'accès n'était pas un mariage de convenance : dans ces mariages là les inclinations du cœur ne sont comptées pous rien : ce n'était point le cas dans l'alliance impériale. L'Empereur avait épousé Eugénie par amour, — mais le volage conjoint s'était bientôt lassé des charmes de son idole, surtout dès qu'il eut découvert que la place avait depuis longtemps été prise, laissant au cœur un ennemi.

L'amour fut remplacé bientôt par la plus désolante indifférence, et nous savons pertinemment que du jour où il découvrit la vérité, l'Empereur se mit à caresser l'idée du divorce, soit par dégoût de sa femme, soit pour mettre dans les actes de sa vie une similitude de plus avec son oncle Napoléon Ier.

De tristes récriminations intimes, de mutuels reproches sur des actes parfaitement fondés n'avaient pas peu contribué à maintenir la discorde dans le champ des deux Majestés.

Eugénie désolée cherchait par tous les moyens utiles à reconquérir sur le cœur de son époux l'empire qu'elle voyait tous les jours lui échapper.

Il lui restait pourtant un conseiller bien intéressé à la conservation de sa haute fortune : c'était Madame mère comtesse de Montijo, que les largesses impériales avaient très-somptueusement dotée et qui résidait dans un magnifique hôtel des Champs-Élysées, acheté avec les deniers de la France. C'est dans cet hôtel, auprès de sa digne mère, que se rendait souvent l'Impératrice pour se consoler de sa disgrâce, et pour prendre les conseils capables d'en neutraliser les effets.

Un jour, affaissée sous le poids de la tristesse, elle accourut auprès d'elle lui demander un soulagement à sa douleur. La mère était seule; sa fille se jeta dans ses bras, fondant en larmes : l'Impératrice des Français sanglottait.

— Pourquoi pleurer, ma fille? Quel malheur te menace donc?

— Oh! ma mère, je suis bien malheureuse. L'Empereur m'abreuve de mauvais traitements; il me menace d'une séparation honteuse, parce que je ne lui ai pas encore donné un fils; mon sort me paraît plus à plaindre que celui de Joséphine.

— Tout ceci est facile à dire, mon enfant, mais n'est pas aussi commode à effectuer dans la pratique. Ton maître impérieux n'osera pas faire tomber sur sa tête les foudres du Vatican : car, mon enfant, pour rompre publiquement le contrat sacré qui unit votre sort, il ne suffit pas de la volonté d'un homme, il faut encore la permission du Pape, représentant de Dieu sur la terre !

Tu dois donc mettre toutes séductions à gagner ta cause auprès de son ministre à Paris, fais-lui toujours bon accueil, prends la défense de la question romaine envers et contre tous. Si Rome et le clergé sont pour toi, tu peux dormir tranquille; la difficulté du divorce ne sera jamais mise sous le tapis.

— J'ai songé à tout cela, ma bonne mère; Monseigneur est complètement dévoué à mes intérêts. Mais son dévouement ne peut pas grand chose sur les intentions de l'Empereur. Il rêve un héritier, et ce n'est pas ma faute si je ne puis réaliser son rêve.

— Mais si, mon enfant, c'est ta faute; écoute-moi bien, il me semble facile de la réparer,

Voyons, ma fille, parle-moi à cœur ouvert. N'as-tu pas dans ton entourage un homme qui ait plus particulièrement qu'un autre toutes tes sympathies ? Tu reconnaîtras cela, si tu aimes à le voir souvent, si tu trouves tout charmant dans ses démarches et dans ses propos, si enfin tu éprouves une espèce de bouleversement dans tout ton intérieur, lorsqu'il t'arrive de te rencontrer, même par hasard, en sa présence ; si tu as ressenti tout cela, tu aimes cet homme.

— Ce que je puis affirmer, ma mère, c'est que je n'ai jamais éprouvé ce sentiment devant l'Empereur. Le dégoût, voilà l'impression qui domine en moi en sa présence; mais je le subis et ne suis même pas jalouse des nombreuses infidélités qu'il me fait; hier encore j'en ai été témoin.....

— Assez, ma fille, je n'ai pas besoin que tu me dises ses trop galantes aventures; je les connais mieux que toi. Pourquoi, de ton côté, n'imites-tu pas un si noble exemple?

— Par esprit de convenance, ma mère, et pour lui donner un héritier de son sang.

— De son sang! Tu as raison, il est si beau et si illustre ce sang!..... mon enfant, il faut te désabuser..... si tu connais l'homme; le type, dont je te parlais tout à l'heure, confie-lui le soin de régénérer le sang de ton noble mari...... Il faut aimer le père de son enfant; sans amour pas de père, sans père pas d'enfant : c'est élémentaire..... Et je m'étonne qu'avec ton expérience tu n'aies pas compris plus tôt cette loi de matrimoniale vérité.

A ce moment la comtesse de Montijo était superbe d'éloquence et d'entrain. Il est vrai que les plus simples notions de la morale religieuse et philosophique étaient en cette circonstance totalement méconnues; il ne faut point s'en étonner, lorsque nous aurons dit qu'en fait de morale et de religion, Madame de Montijo rapportait tout à un seul principe : l'intérêt.

Eugénie découvrait toute une espérance dans les paroles de sa mère; elle lui répondit ingénument :

— Je ne dois pas vous cacher, ma mère, que mon cœur n'est pas de glace, malgré les tortures qu'il a endurées jusqu'ici. Oui, j'ai déjà rencontré ce type dont vous m'avez parlé..... j'ai senti en sa présence des pulsations non inconnues..... mais j'ai dû les comprimer... cet homme étant dans les rangs de la domesticité.

— Qu'importe le rang et la condition, pourvu que le but soit atteint? Le but, c'est un héritier. Lorsque l'héritier sera venu, personne n'ira sonder son origine; car d'après les lois françaises, tout enfant né pendant le mariage a pour père le mari.

— Oui, je le sais, mais du moins faut-il sauver les apparences. Or, comment y arriver dans ce palais des Tuileries, où je suis nuit et jour entourée de chambellans, d'officiers de service, de dames d'honneur et de dames d'atour? dans ce palais où chaque issue, chaque recoin cache un gardien et un piége. Les murs sont de cristal : pour ce qui me concerne, il m'est absolument impossible de me procurer un seul instant de solitude.

— Mais tu es libre ici. — Je prendrai ton idéal, ainsi que tu l'appelles, à mon service. Le prince Jérôme Plonplon lui-même sera bien habile s'il parvient à le dénicher en ces lieux.

Un mois après cette entrevue, les journaux de la France retentissaient du cri de victoire. L'armée française alliée aux soldats du Coran, unis aux lions de l'Angleterre, s'étaient heureusement mesurés contre les armées du Czar à l'Alma et à Inkermann. Sébastopol foudroyé par les bombes alliées soutenait un siége héroïque, pendant qu'on apprenait dans l'Europe que Sa Majesté l'Impératrice Eugénie était enfin dans un état souverainement intéressant; on donnait des détails tous les jours satisfaisants sur une grossesse renfermant l'avenir et la gloire de la France (style officiel).

Nos soldats mouraient vaillamment en Crimée. La Cour s'amusait et redoublait le luxe de ses fêtes ; et l'Empereur tout réjoui de nos succès, disait entre sa barbe : Ah! mon frère Nicolas, tu n'as pas voulu me laisser épouser ta fille ! le parvenu t'envoie sa carte de visite.

A ces idées de vengeance venait s'ajouter la joie de la paternité..... Il désirait impatiemment ce jour heureux..... Sa dynastie se fondait maintenant ; mieux que cela, elle se perpétuait... Les plus extravagantes pensées de dépense et de luxe se présentaient à son esprit..... Comme pour le roi de Rome, la ville de Paris, administrée par des commis, esclaves des volontés du maître, avait offert le berceau au futur prince Impépérial ; on avait voté la somme fabuleuse de cent cinquante mille francs pour cet objet nécessaire : nous ne comptons pas les épingles. En attendant, Miss Howard avait mis au monde son quatrième rejeton de la souche impériale. Nous avons dit plus haut la récompense pécuniaire résultant des récépissés authentiques de la courtisane.

Les beautés interlopes, les dames non moins faciles de la Cour, procuraient des passe-temps toujours fort recherchés à l'heureux mortel dont le front chargé des armes d'Actéon se couronnait des lauriers de la victoire. Il est vrai qu'il ne commandait pas son armée : c'était une grande chance pour elle qui pouvait ainsi obtenir plus facilement les triomphes qu'il attribuait à sa gloire et puis à celle de son grand Empire.

LIVRE VI

UN HÉRITIER.

CHAPITRE PREMIER

LA NAISSANCE.

La grossesse de Sa Majesté l'Impératrice entrait dans la septième phase de son évolution. Il n'y avait désormais plus de doute pour un homme qui en avait appris la nouvelle avec un extrême déplaisir. Cet homme, c'était le prince Napoléon, baptisé Craint-Plomb par l'armée d'Orient, dont il avait abandonné les drapeaux en Crimée, devant Sébastopol, parce que le sifflement des balles et le bruit de la mitraille produisaient sur ses princiers intestins les atteintes insupportables de la colique.

Il préférait à ce murmure incommode les doux loisirs des Pachas de la Sublime-Porte, loisirs qu'il devait à la munificence de sa Hautesse, dans un superbe palais du Bosphore, peuplé d'odalisques que le Padischa de Constantinople avait impérialement mis à sa disposition.

L'annonce de cet événement inespéré, dont l'assurance positive lui arrivait au milieu de ses plaisirs, lui fit vite oublier les délices de Capoue ; il dit adieu au soleil de l'Orient et aux houris du paradis musulman, pour se rendre en toute hâte à Paris, où l'attendaient tous les tourments de l'enfer impérial.

L'ancien montagnard de la Chambre républicaine, voué depuis le 2 décembre à tous les rayonnements de l'étoile napoléonienne, comptait recueillir sa succession sans bénéfice d'inventaire ; car il était, de par l'immuable Constitution, le successeur désigné au titre de Napoléon IV, si le numéro trois ne trouvait pas le moyen de se reproduire.

Craint-Plomb avait à cœur de contrôler le moyen employé par son illustre cousin pour annihiler ce qu'il appelait ses droits. Il le fit en arrivant, et toutes ses paroles, toutes ses démarches tendirent invinciblement à accréditer le même bruit. D'après lui, le fruit d'Eugénie avait pris sa sève dans une racine étrangère au sol des Napoléons.

Etranger ou non, le fruit parut le 16 mars 1856, en sa présence, aux Tuileries, au milieu d'une galerie de courtisans qui riaient sous cape de son ostensible désappointement.

L'Empereur, visiblement ému dans cette circonstance,

présenta le nouveau-né à leur respectueuse obéissance, et ceux-ci, qui n'avaient autre chose à désirer que la continuation de leur scandaleuse prospérité, en acceptèrent le gage par leur empressement à déposer sur le berceau le nouvel hommage de leurs serviles adulations.

Craint-Plomb s'exécuta d'assez bonne grâce ; mais si l'on eût pu sonder la profonde émotion de ses tempêtes intérieures, on eût pu lire en lettres d'or dans son cœur ces mots : *Bâtard, fils de.....* et autres titres honorifiques de bon aloi.

Le canon des Invalides tonna cent et une fois ; Paris et la France apprenaient par cette grande voix des batailles la naissance d'un enfant mâle, dans les mystérieux asiles du château des Tuileries.

Le Pape était parrain du petit bonhomme, dont la venue coûtait dix millions au trésor public, dépensés en fêtes, en réjouissances, en dotations et en achats de trousseaux.

Etrange contraste des destinées humaines qui semblent anéantir ce grand dogme de l'égalité ! L'enfant du riche et l'enfant du pauvre apportent en naissant la même faiblesse et la même misère, et trouvent dans leur entour une grande différence qui change totalement leur condition pendant la vie.

Pour le fils du pauvre, c'est le commencement d'une vie de souffrances et de privations qui le poursuivent jusqu'au dernier terme : la mort.

Pour l'enfant du riche, c'est la jouissance, le bien-être, le plaisir, qui commencent, c'est la vie de priviléges, de puissance et de faveurs, qui mène aussi par un chemin parsemé de fleurs au même terme : la mort. A la naissance et à la mort, le pauvre et le riche se donnent la main : et alors seulement se réalise le grand dogme consolant : l'égalité.

Et, chose étonnante, dans cette diversité de conditions qui apparaissent au vulgaire comme un aveugle jeu de la fortune, l'esprit observateur y découvre la vérité sociale, à savoir : que l'homme est ici-bas pour y remplir une mission dont la récompense ou la punition l'attendent, selon qu'il l'a bien ou mal accomplie, dans un monde meilleur, où s'applique la sanction de la loi morale qui trace au fond de tous les cœurs les immortelles prescriptions du devoir.

Lecteur, il y aurait une longue dissertation philosophique à écrire sur la naissance du Prince qui vient d'apparaître aux Tuileries; vous n'auriez peut-être pas la patience de la lire jusqu'au bout, et c'est pour vous éviter l'ennui d'en entreprendre la lecture que nous nous rappelons le titre de ce livre, vous promettant les passe-temps de Napoléon III et des siens.

Les poètes chantèrent sur le berceau impérial; les récompenses doraient leurs obséquieuses inspirations; les courtisans apprirent de nouvelles courbettes..... et, après deux ans d'attente, l'Empereur recevait un billet qui le mettait en une mortelle inquiétude.

Pendant sa vie aventureuse en Italie, Napoléon Bonaparte s'était fait affilier à une société secrète de *carbonari*, dont les nombreux réseaux répandus dans la Péninsule échappaient à la surveillance active des divers gouvernements qui s'en partageaient la propriété.

Bonaparte avait fait une promesse qu'il s'était engagé à remplir sur la foi du serment, acceptant en même temps comme sanction la peine de mort, si, parvenu au pouvoir, il s'y rendait infidèle ; or, le billet arrivé jusqu'à lui, malgré ses gardes et ses surveillants, demandait une audience particulière pour un émissaire dont il avait appris à ne jamais méconnaître le magique pouvoir.

L'audience fut accordée, cela va sans dire. On ne sera peut-être pas étonné d'apprendre la substance du secret entretien.

Le personnage qui se trouvait en présence de Sa Majesté n'avait pas de nom uniforme pour ses adhérents : il répondait dans toutes les langues au mot : *Légion*. C'était un homme à stature imposante, portant gravée sur tous ses traits, l'intime énergie de son âme ; une barbe longue et argentée encadrait son visage ovale dont les yeux flamboyants brillaient d'un vif éclat, surtout dans la contrariété de la discussion.

Après avoir porté ses regards autour de sa personne et s'être ainsi assuré qu'il n'avait pas de témoin apparent, il fit un signe que l'Empereur comprit et lui dit en s'asseyant :

— Frère, vous êtes Louis-Napoléon Bonaparte, né à Paris, le 20 avril 1808 ?

— Je suis Louis-Napoléon Bonaparte.

— Eh bien, frère, je viens te dire que l'heure d'accomplir ton serment est arrivée. L'Italie, notre commune mère, gémit depuis longtemps sous le joug de la plus intolérable tyrannie.

Tu es aujourd'hui tout-puissant, tu as juré de l'affranchir... tu ne l'as pas encore fait. Faut-il toujours compter sur ton serment?

— Oui, frère, mais tu es dans l'erreur lorsque tu affirmes que je suis aujourd'hui tout-puissant.

Mes armées viennent de terminer une guerre qui les a couvertes de gloire, il est vrai, en portant au pinacle la grandeur de la France. Mais la victoire épuise presque autant que la défaite. Deux cent mille hommes sont tombés sur les champs de bataille de la Crimée et cinq milliards de francs ont été engloutis.

Or, l'argent et les hommes sont le nerf de la guerre, et à l'heure qu'il est la France est épuisée d'hommes et d'argent.

— Je ne le crois pas, frère, et c'est avec peine que je suis contraint par ma conscience de déclarer que tu te fais illusion. Cependant, afin de te montrer notre condescendance, je veux bien te laisser libre de fixer l'époque où tu seras prêt... à la condition pourtant que le terme n'en sera pas trop éloigné.

En deux ans ton armée sera complétée. La prospérité de la France te garantit des trésors. Les Italiens sont prêts à te seconder : je te demande si nous pouvons compter sur ton concours dans deux ans?

— Deux ans me suffisent ; dans deux ans l'Italie sera libre des Alpes à l'Adriatique. J'en fais de nouveau le serment : foi de Napoléon...

Et Napoléon III leva la main en disant : Je le jure!

— C'est bien, répondit celui qui s'appelait Légion. Il

se redressa alors majestueusement, et, étendant lui aussi ses deux mains en face de son interlocuteur :

Sire, dit-il solennellement, l'association de la *Fraternité universelle* vous a laissé prendre tranquillement le pouvoir, malgré ses répugnances. Un de ses frères ne peut occuper momentanément un trône que pour régénérer le monde, en le délivrant à tout jamais de la tyrannie des despotes et de l'autel. L'heure de la liberté va sonner pour les peuples ? Je viens d'entendre prononcer ce mot : Je le jure. A mon tour, je fais un serment : si Louis Napoléon n'est pas au rendez-vous au jour dit, qu'il sache que cent mille conjurés sont désignés pour exécuter l'un après l'autre et par tous les moyens possibles la sentence qui d'ores et déjà est prononcée contre les traîtres.

Le parjure est condamné à mort. Je jure que ma sentence sera exécutée dans deux ans... si l'Italie n'est pas libre à cette époque des Alpes à la mer Adriatique.

Les deux confrères s'entretinrent encore quelque temps. Sa Majesté était travaillée par une pensée de vengeance, mais cet homme n'était pas à sa merci ; elle la rejeta bientôt.

A quoi bon, en effet, faire arrêter ou disparaître cet émissaire dont l'énergique maintien le fascinait ? Sa disparition, au lieu d'éloigner le danger à deux ans, le rapprochait au contraire : il s'appelait Légion ; il y avait après lui des séides qui le vengeraient. Il aima donc mieux dissimuler, espérant que le temps apporterait des modifications importantes dans les relations internationales qui lui permettraient de tenir ses serments ou de les oublier en mettant en avant de graves raisons d'État (1).

CHAPITRE II

ENCORE LES ACTRICES. — LE BAL MASQUÉ DE L'OPÉRA ET LE BAL COSTUMÉ DES TUILERIES.

L'homme du Deux Décembre était enfin arrivé au comble de ses vœux. La fortune semblait avoir pris à cœur de lui prodiguer les plus abondantes faveurs qui font connaître au monde ses heureux favoris. La gloire militaire illustrait son règne par la campagne de Crimée; un rejeton de sa race était né aux Tuileries, grâce aux secrètes menées de Madame la comtesse de Montijo.

Les travaux de la politique n'absorbaient pas seulement ses moments; son cœur était toujours jeune et ses recruteurs presque sur les dents.

Le surintendant des théâtres impériaux tenait pourtant à établir que son intéressant emploi n'était pas une sinécure. Il se faisait honneur de servir à son illustre maître, non les primeurs de la gent chorégraphique, — la chose eût été souvent très-difficile, — mais les étoiles rayonnant sur les planches dans toutes les splendeurs de leur éclat. On se souvient de Mademoiselle Céline

---

(1) Mémoires italiens de Griselli.

M..., qui, encore presque tout enfant, avait lancé vers la loge présidentielle ce refrain d'une vieille ballade : *Je suis encor trop jeunette, j'en mourrais*. La naïve enfant n'était plus *trop jeunette*, et depuis..... mais elle n'était point morte. Le surintendant tenait particulièrement à en faire donner une preuve convaincante par la belle à Sa Majesté, qui ne demandait pas mieux que cette galante démonstration.

Tout fut merveilleusement arrangé pour procurer l'avantage à la logique de l'artiste. Le bal masqué fut choisi pour bien établir les préambules de l'argument ; et Sardanapale, qui aimait la philosophie du plaisir, accepta cette combinaison ingénieuse, et se fit préparer un costume de *domino* noir pour aller à la salle de l'Opéra attendre la conclusion de ces prémisses.

Le spectacle était féerique ; jamais Sa Majesté ne s'était aussi bien *encanaillée;* mais le public n'avait rien à dire : l'illustre conservait le plus strict incognito sous les vastes formes de son costume complété par le loup de rigueur. Céline connaissait le maître de son cœur à un signe de convention; le maître, à son tour, était dans le secret de la faveur à couleur rose, dont la position, réglée d'avance, désignait le sémillant débardeur. Le bruit, le tumulte, la musique infernale, le tohu-bohu du cahos, les glapissements des énergumènes finissent par fatiguer les yeux et les oreilles au grand détriment de l'estomac, qui se vide rapidement en ce labeur physique condamnant les jambes à un éternel mouvement.

Le couple avait donc faim. Or, à Paris surtout, la faim étant mauvaise conseillère, des établissements publics lui offrent un refuge, en tenant pendant toute la nuit les mets les plus succulents à sa disposition.

Le café Anglais étant tout près de l'Opéra, la société impériale le désigna comme cénacle. Elle y trouva, en effet, servi dans un salon richement décoré et destiné à la première opulence, un repas abondamment luxueux.

Sardanapale et la petite, qui n'était pas morte, savouraient les merveilles de ce souper fin. Quand arriva le tour du champagne, les arguments devinrent plus démonstratifs, les preuves s'accumulaient en désordre comme une armée commençant la déroute. La conclusion arriva trop vite : la belle la donna sans autre combat. Le petit jour sépara les philosophes, qui rentrèrent dans leurs respectifs domiciles pour demander à Morphée le calme de ses pavots.

La discrétion n'est pas précisément la vertu favorite des artistes en renom; Mademoiselle Céline, qui possédait tant de qualités enviables, n'était pas un modèle accompli sous ce dernier rapport.

Elle raconta son aventure, en se plaignant tant soit peu des exigeantes lubricités de son impérial adorateur; il faut dire que, malgré ses injustes récriminations, elle continua plusieurs fois, dans ce cabinet connu du Château, la dissertation sitôt interrompue du café Anglais. Les diamants et les billets signés Garat excitent, dit-on, l'éloquence. Mademoiselle Céline devait naturellement posséder le don d'être émue et de communiquer son émotion, s'il faut en juger par la quantité de brillants et de billets qui récompensèrent ses chaudes démonstrations.

L'Empereur avait pris goût au spectacle; aussi avait-il instamment résolu d'en transporter à la Cour les ravissantes merveilles.

Par son ordre, le dernier bal des Tuileries devait être *costumé*. Ce fut comme qui dirait une révolution dans le monde officiel.

Les femmes acceptèrent sans peine, pour ne pas dire avec une extrême satisfaction, ce nouveau mobile d'extravagante toilette. Leur tête s'échauffa dans les plus impossibles combinaisons, et au jour voulu, ou plutôt à la nuit arrivée, les salons impériaux, splendidement illuminés, semblaient s'étonner d'une telle magnificence.

Eugénie, la reine de céans, avait adopté le costume séduisant qui lui rappelait son premier triomphe. C'était une chaste Diane armée de ses flèches et de son carquois. Les pierres précieuses de la Couronne, les rubis et les perles avaient été réquisitionnés; il n'est pas besoin d'ajouter qu'un habile monteur n'avait rien négligé pour en prodiguer le scintillant effet, soit dans sa chevelure dorée, soit sur ses armes, soit sur les parties de son vêtement léger qui voilait imparfaitement toutes ses grâces cachées... Les dames de la Cour avaient épuisé le dictionnaire de la Fable et dévalisé l'Olympe, en empruntant aux déesses la mince dose de leurs vêtements divins. C'était Vénus presque sortant des eaux; c'était Minerve moins la sagesse; c'était Hébé au teint rose et fleuri; c'était Aurore, annonçant le jour, suivie de ses Heures les plus étincelantes.

Les Bacchantes même n'avaient point été dédaignées;

cela se comprend pour celles dont les maris avaient accepté la transformation en Bacchus.

Quant aux hommes, cette laide moitié de l'espèce sublunaire, les demi-dieux, tels que Hercule, Ganimède, Endymion, avaient inspiré leurs choix pour le premier bal costumé de l'Empire.

Les salons regorgeaient de divinités choisies dans le sénat, les ministères, la magistrature et l'armée. A minuit Leurs Majestés firent leur entrée solennelle au milieu de deux rangées de dieux et de déesses qui avaient instinctivement ouvert leurs rangs pour s'incliner profondément en présence de Jupiter et de Diane.

Straus donna le signal : une musique délicieuse transporta les voûtes de l'Olympe. Sa Majesté avait choisi sa danseuse pour le premier quadrille impérial.

C'était une charmante Eucharis de dix-huit printemps, admirable de grâce, de jeunesse et de particulière perfection, petite marquise, mariée depuis quelques jours à un jeune secrétaire d'ambassade qui avait de l'ambition.

L'Empereur s'amusa beaucoup, non à la danse, mais aux piquantes œillades de sa danseuse Le mari n'y perdit rien, au contraire, il y gagna un rapide avancement dès le lendemain.

Il faut dire que pendant le souper, Sa Majesté avait emmené la petite marquise afin de discuter, loin de tout bruit importun, les honorables conditions du grade.

Le buffet impérial n'avait jamais offert aux robustes exigences de ses habitués autant de succulentes raretés en fruits exquis et hors de saison, en sucreries, en friandises ; aussi nous renonçons à décrire la rapace dévalisation qui l'eût bientôt réduit à la misère, par l'aspect repoussant de bouteilles vides et de plats déshérités.

Pendant cet assaut homérique, de vieux sénateurs depuis longtemps à la retraite dans les jeux de Vénus, se grisaient de lubriques images et de légers propos sur le compte des belles déesses qui prenaient leur part du butin, sans se préoccuper des lacunes que leurs mouvements précipités causaient à leurs fragiles toilettes :

— Voyez donc, disait l'un d'eux, cette ravissante Bacchante; marquis, vous voudriez bien être son Satyre.

— Mais non, j'aimerais mieux Hébé; remarquez quelles adorables apparences... eh !

— Et ce gentil papillon rose, quel vol sémillant et gracieux !

— Le beau Pâris serait, je crois, fort embarrassé pour donner la pomme à la plus belle.

— Il la partagerait en quatre, le scélérat, pour partager aussi en quatre la faveur de leur reconnaissance.

Ces allusions excitaient le sourire, et la danse recommençait pour durer jusqu'au petit jour. Cette fête splendide ne laissa pas sans amertume plusieurs ménages haut placés. La Cour et l'Empereur s'étaient amusés pendant que les déshérités de la fortune se pâmaient de privations sur leurs immondes grabats. Les ouvriers matineux de la Capitale passaient, en maudissant leur sort, devant le palais du luxe et de la débauche, demandant pour leur misérable intérieur une part des miettes d'or : elles se perdaient inutiles sur les parvis de ces salons, encore resplendissants de lumières pour éclairer les saturnales honteuses où s'engouffraient sans utilité les richesses de la France.

CHAPITRE III

UNE TERRIBLE ÉCHÉANCE. — LE R. P. ROOTHAAN.

Au milieu de toutes ces fêtes, l'impérial hôte des Tuileries avait laissé passer l'heure qu'il avait solennellement juré de ne jamais oublier : c'était chez lui affaire d'habitude, surtout lorsqu'il se croyait sûr de l'impunité. Quand on se sent tout-puissant, il semble qu'on n'ait rien à redouter..... Sa confiance faillit lui coûter cher, rue Lepelletier, un jour qu'il se rendait avec une brillante escorte à une première représentation de l'Opéra.

Les bombes Orsini lui rappelaient son serment d'une manière sanglante. Les bombes n'atteignirent que des innocents, il est vrai, mais leur sinistre éclat porta, avec l'effroi dans le cœur du coupable, la résolution forcée de s'exécuter, afin d'éloigner le renouvellement d'une tentative qui pourrait aboutir à la fin. Légion le lui avait assuré, il savait fort bien que sa garde et sa police deviendraient impuissantes à arrêter le torrent débordé. Orsini et Pianori, membres désignés par le sort, avaient derrière eux tout un essaim de complices qui acceptaient la mission de poursuivre le même but : ceux-ci morts, d'autres se levaient pour les remplacer.

L'affranchissement de l'Italie fut donc résolu; le monde était de nouveau soulevé. Mais la victoire se montra toujours fidèle au drapeau de la France, malgré les fautes stratégiques que lui fit souvent commettre le général en chef.

Pendant que l'ambitieux conquérant, enivré de ses faciles triomphes, cherchait à Milan les délassements de la gloire, l'Impératrice régente, à Paris, recevait une confidence bien propre à faire une sérieuse impression sur le couple impérial.

Le général de la célèbre Compagnie de Jésus, le Révérend Père Roothaan, trouvait facile accès auprès de la Souveraine et lui demandait un entretien particulier pour communiquer à Sa Majesté une dépêche de la plus haute importance politique : pas n'est, je crois, besoin d'ajouter que le Révérend émissaire fut immédiatement admis sans contrôle. C'était un vieillard de haute stature, d'un port imposant et majestueux, manifestant sur toutes les lignes de sa physionomie l'expression de la finesse italienne; son costume moitié civil, moitié ecclésiastique, était irréprochable. En approchant l'Impératrice, il salua très-respectueusement et s'inclina avec l'obséquiosité d'un courtisan qui connaît depuis longtemps l'étiquette des Cours.

— Madame, dit-il, dès qu'on l'eut invité à s'asseoir, je suis heureux de la mission secrète que je remplis en ce moment, parce qu'elle me procure l'honneur de déposer à vos pieds l'hommage du profond dévoûment de notre ordre aux intérêts de Votre Majesté.

Ce début attendu laissa impassible le visage de la Souveraine, rien ne trahit au dehors l'émotion intérieure qui commençait déjà à faire palpiter son cœur; elle répondit donc avec une parfaite assurance :

— Je vous écoute, Révérend Père, je suis très-disposée à connaître les secrets d'État dont vous êtes le discret confident.

— Madame, le Supérieur général du Gesu est toujours le premier renseigné sur les graves événements qui menacent les couronnes. Notre ordre étend partout et dans toutes les chancelleries du monde ses rameaux les plus puissants. Nos affiliés peuplent les antichambres et les palais des Souverains, aucun secret ne nous échappe, et celui que je viens vous révéler en ce moment prouvera à Votre Majesté l'exactitude de nos informations. Une grande calamité, peut-être un désastre, menacent aujourd'hui la France et le trône de Votre Majesté.

— Une calamité... un désastre, que dites-vous, mon Père, vous ignorez donc les victoires..... mais êtes-vous donc prophète?

— Prophète, Madame, plût à Dieu que je pusse vous dévoiler les arcanes de l'avenir... mais l'avenir ne nous appartient pas... le passé, le présent seuls sont à nous, et c'est de ce présent que je viens vous entretenir parce qu'il renferme pour vous un calamiteux avenir.

Une lutte inégale bouleverse en cet instant l'Italie; les hordes de la révolution se sont soulevées avec l'appui de vos armées... La fortune a favorisé vos premiers combats, mais prenez garde : les puissances de l'Europe vont mettre un terme à vos succès en inondant votre empire de deux millions de soldats.

La Prusse, la Russie, peut-être l'Angleterre, signeront avant huit jours un traité d'alliance offensive et défensive avec l'Autriche. La France est-elle assez forte pour résister à quatre puissances européennes? Je ne le crois pas. Elle périra dans la lutte, et sa perte entraîne la chute du trône impérial.

Tenez, Madame, ajouta le Révérend Père, en tendant un pli cacheté renfermant une correspondance chiffrée dont il indiqua la clef : voilà la preuve de mes assertions; les noms qui les ont signées vous sont connus; leur position vous est un garant de la confiance qu'ils méritent.

Ceci ne doit point vous étonner, Madame, il est une puissance suprême dont on n'ébranle pas en vain la légitime domination ; il est vrai qu'elle ne peut pas tomber, car sa ruine entraînerait infailliblement tous les trônes de l'univers. Voilà la vérité que ne comprennent pas suffisamment les Princes qui tiennent en main le sceptre de la puissance ; s'ils connaissaient leurs intérêts, ils se ligueraient tous pour la même entreprise. Chrétien, juif ou musulman, tout potentat doit défendre et soutenir le vieillard du Vatican, parce que sur ce siége résident l'autorité et la force morale qui soumettent les volontés sans discussion.

— Vous m'effrayez, mon Père, dit Eugénie, devant d'aussi terribles révélations.

— Pas d'effroi, Madame, la peur est toujours une très-mauvaise conseillère, mais des actes, de l'énergie et de la résolution. Notre Ordre a des agents dans les sociétés secrètes; nous n'ignorons rien de leurs révolutionnaires aspirations; nous savons tout, et nous marchons sans crainte, accomplissant notre œuvre, qui est le bien et la perfection de l'humanité, sans nous préoccuper de ses expansions libérales. Nous sommes les défenseurs, les soldats dévoués d'une seule cause, la papauté temporelle. La papauté, voilà l'ancre du salut pour tous les empires; malheur à celui qui ne s'y attache pas! Rome pardonne tout aux monarques, sauf la témérité de ceux qui ne rougissent pas d'amoindrir son patrimoine et son influence.

— Que nous reste-t-il donc à faire? ajouta l'Impératrice consternée.

— Il en est temps encore, Madame, il faut revenir au point de départ; avec de l'habileté et de la prudence, l'Empereur pourra franchir ce mauvais pas (1).

La conférence se prolongea longtemps encore... Que se passa-t-il? le secret n'est point arrivé jusqu'à nous; mais ce que nous savons, c'est que depuis ce moment Sa Majesté l'Impératrice fut gagnée à la cause du Révérend Père. Le lendemain, un courrier spécial, porteur de missives confidentielles, partait subitement des Tuileries, à l'insu du cabinet ministériel, et s'empressait de les remettre à l'Empereur, qui s'était nonchalamment endormi à Milan sur de nouvelles délices de Capoue.

Au milieu de ses guerrières préoccupations, Sardanapale n'avait pas négligé ses plaisirs. On est de si facile accommodement lorsque le succès sourit à vos tentatives! Il est vrai que ce succès coûtait ici bien des lar-

---

(1) Mémoires précités

mes ; les lauriers des batailles ne se moissonnent pas sans douleurs. La mort avait fauché des victimes ; leurs cris et leurs souffrances n'avaient aucun écho qui pût transmettre au conquérant les derniers déchirements de leur cœur.

Renfermé dans son palais royal, le vainqueur se livrait à toutes les douceurs du sybaritisme... Au reste, il n'avait eu que l'embarras du choix ; tant s'était montré bienveillant le zèle des belles Italiennes qui avaient ainsi énormément facilité la tâche des proxénètes recruteurs. Mais il n'est pas, dit-on, de roses sans épines... Une Milanaise le lui prouva bien : mal lui en prit d'en faire la douce expérience ; cet essai le voua pour longtemps non au *mercure galant*, mais à celui qui forme la base de la *copahine*. Sardanapale était donc malade lorsque le messager de l'Impératrice lui remit les dépêches, dont il connaissait à peu près le contenu par le bruit des orages diplomatiques qui se formaient à son entour.

Il apprit seulement alors les dispositions positives et les écrits des cabinets fomentant dans l'ombre contre sa puissance une coalition formidable qu'il ne se croyait pas en mesure de conjurer. Il résolut donc de tenter encore une fois le sort des armes, et d'accepter, quel qu'en fût le résultat, une paix honorable qui lui permettrait de regagner ses pénates, dont la maladie galante qui l'affligeait lui faisait désirer le bienheureux repos.

Le canon de Solferino retentissait encore à ses oreilles qu'il s'empressait, après la victoire, de se conformer aux ordres du Révérend Père en signant la paix de Villafranca, constituant l'Italie en Confédération avec la puissance pontificale au sommet. Ceci était pour le public. Un traité secret avec le roi de Piémont autorisait ce dernier à conquérir l'Italie pour son compte, avec la réserve de Rome pour des temps meilleurs.

Paris revoyait son hôte qui s'enfermait, après le triomphe, fort embarrassé du laurier personnel qui s'était entouré sur son corps après les ébats trop peu prudents de Cythère.

CHAPITRE IV

MARGUERITE BELLANGER A VICHY ET LE PRÉSIDENT DEVIENNE.

Les blessures causées par les traits acérés de Cupidon ne sont pas ordinairement aussi facilement guérissables que les *merveilles* du chassepot (style de Failly). L'effet produit par ce dernier a presque toujours une prompte solution : la cicatrice ou la mort. Mais la flèche empoisonnée de ce dieu cruel, une fois qu'elle a inoculé son poison dans les fibres de l'organisme, corrode uniformément sa victime, cause une désorganisation dans tout l'intérieur du corps, et marque son passage par des excroissances putrides dont l'infection inspire l'horreur et le dégoût.

Tel était, au retour de Milan, l'état désespérant du

vainqueur anonyme de Solférino ; aussi les hommes de l'art l'avaient-ils soumis à un régime exceptionnel dont ils espéraient un heureux résultat... Mais soins inutiles, la maladie trouvant un corps complètement usé par les excès, s'avançait invaincue, faisant partout des ravages continuels, qui se manifestaient déjà par des épanouissements livides, montrant son peu de respect pour l'épiderme de l'impériale Majesté.

Eugénie, qui attendait à bras ouverts le triomphateur, s'avisa bientôt des apparences, qu'on cherchait pourtant à lui cacher, mais elle ne s'y laissa pas prendre ; et, malgré les efforts de la diplomatie conjugale, elle eut bientôt la certitude que son conjoint n'avait pu éviter un dangereux ennemi dans les éphémères combats du boudoir. Faut-il dire ici toute l'explosion de sa subite colère ? Faut-il raconter l'histoire de ses larmes et de ses soupirs ! Cela nous paraît inutile, car pour peu que l'on ait sondé les mystères du cœur humain, il est loisible à chacun de se retracer l'image de la scène tragique qui précéda, accompagna et suivit les impériales objurgations.

Toutefois, il est entre les grands des accommodements. Sa Majesté féminine jura de se venger, serment, au reste, parfaitement insensé, puisque depuis longtemps déjà la vengeance était faite. Il ne s'agissait plus que de la recommencer. Elle recommença donc ; mais cette fois on ne prit pas les précautions conseillées par la prudence en de semblables conjonctures.

Il y avait en ce moment, parmi les beaux favoris de la victoire et de la Cour, un jeune et brillant colonel qui descendait, par la ligne collatérale, de l'illustre maréchal Ney, fusillé comme traître par la Restauration.

L'héritier de son nom ne songeait alors à aucune espèce de trahison politique : c'était au contraire un dévoué défenseur des doctrines bonapartistes, dont il s'était identifié les merveilleuses conceptions. Cette particulière disposition lui avait valu autrefois, à Rome, une lettre fort importante qui causa un grand émoi dans le monde diplomatique en général, et dans l'entourage pontifical en particulier.

Mais depuis... Edgard Ney avait repris ses fonctions auprès de son maître, où, soit par disposition naturelle, soit par fatalité, il n'avait pas tardé à s'insinuer auprès de Madame, et d'occuper dans son cœur une très-large place. La Souveraine daignait trouver des charmes aux tête-à-tête du jeune officier, et celui-ci, tout naturellement, se sentit, au bout de quelque temps, éperdument amoureux de la Souveraine. Mais cet amour, quoique défendu par les lois sociales, ne pouvait être facilement compris parmi les dérivés du verbe *trahir*.

Edgard Ney aimait donc Eugénie, et réciproquement : or, lorsque la réciproque est certaine en cette épineuse matière, personne, pas même un ministre de la police, ne peuvent empêcher le rapprochement, surtout si l'aiguillon de la vengeance stimule le zèle d'un des deux combattants. La conjonction aboutit donc sans peine, et leur laissa savourer quelques jours de tranquilles béatitudes qui, hélas! ainsi qu'il arrive pour les meilleures choses de ce monde, eurent trop tôt une fin.

Le valétudinaire, malgré ses compresses et ses laits

de poule, apprit comme par enchantement les oublis par trop affichés de sa compagne auprès de son brillant officier d'ordonnance.

Nouvelle scène intime, nouveau tableau qu'on ne décrit pas, parce que l'artiste n'a pas signé son œuvre. Tout ce tapage se termina par la délivrance de la clef des champs au jeune Colonel auquel l'entrée de la Cour fut interdite, avec ordre formel d'aller méditer, loin de tout bruit, sur les tristes suites des affections humaines, surtout lorsque le cœur d'une Impératrice a fourni la première matière de cette philosophique étude.

Le temps, les sollicitudes et les médicaments avaient apporté quelques modifications favorables dans la santé de l'Empereur. On crut activer la guérison par le séjour des eaux thermales où Sa Majesté devait rencontrer, au milieu des distractions salutaires, le retour d'une santé si précieuse, surtout pour les dignitaires qui tenaient particulièrement aux réguliers émoluments du budget.

Plombières, Biarritz, Saint-Sauveur et Vichy furent successivement visités; Vichy parut fixer les préférences du maître, parce qu'il y trouva le soulagement et..... le plaisir.

Il n'avait pas, au reste, attendu jusque-là pour renouer des relations galantes que le repos forcé l'avait contraint d'interrompre pour quelques temps.

Parmi les dames et demoiselles d'honneur qui avaient leurs entrées libres aux Tuileries, il était une jeune étoile, fraîchement apparue dans cette étincelante constellation.

C'était une très-belle blonde, fécondée par le sol parisien dans une des maisons de la haute aristocratie napoléonienne, hantant les beaux appartements de l'hôtel-de-ville, sous le pachalik de M. Hausmann. Sa Majesté l'avait vue et en était tombé éperdûment amoureux. Trois ans de soins et de copahine avaient eu raison de ses appétits génésiques ; aujourd'hui suffisamment dispos, il se croyait capable de recommencer les galantes tentatives des premiers jours. Il s'empressa donc d'entourer de toutes ses prévenances cette biche timide qui était venue se jeter innocemment dans ses piéges. C'était une ravissante fille d'Eve, douée de toutes les qualités que la nature, très-souvent généreuse, prodigue à la beauté féminine : formes charmantes, caractère enjoué, prestance majestueuse, la belle possédait tout cela, et tout cela aussi Sa Majesté voulut le faire sien en le partageant. Dons pleins de magnificence, confidences à mot couvert, satisfactions les plus dispendieuses, rien ne fut négligé pour entraîner la propriétaire dans le mirage d'un avenir qui ne laissait entrevoir que les délices de l'oasis sans les sables brûlants du désert. Hélas ! la belle charmeuse finit par tomber sous les flèches du chasseur ; mais elle n'en sortit pas sans blessures : trois ans de jeûne forcé avaient donné de la vigueur à Sa Majesté : la demoiselle portait dans son sein un gage de ce funeste et à jamais regretté consentement.

C'est à Vichy, en l'an de grâce 1863, que l'impérial voyageur apprenait la fatale nouvelle, je dis fatale, non pour lui, mais pour la demoiselle titrée dont l'honneur subissait par ce fait une atteinte publique qu'il n'était pas facile de réparer sans scandale notoire.

Six semaines s'étaient écoulées depuis la faute ; les choses n'étaient donc pas encore trop avancées, il était peut-être possible, au moyen de dévoûments grassement récompensés, de sauver les apparences en substituant une mère complaisante à l'enfant qui devait naître dans quelques mois.

On jeta les yeux sur une personne fort avancée dans les bonnes grâces de Sa Majesté et qui s'était transportée à Vichy à la suite de l'impérial cortége : c'était Mademoiselle Marguerite Bellanger, artiste de mérite, fort appréciée du public amateur et possédant depuis longtemps les particulières faveurs de l'Empereur, dont elle partageait les ennuis, surtout pendant les longs loisirs de la vie thermale de Vichy.

Un soir qu'elle avait l'honneur de distraire le sybarite ressuscité, elle le trouva pensif et plus taciturne que d'habitude ; il ne lui fut pas difficile de reconnaître qu'une grave préoccupation dominait toutes ses pensées. Elle ne s'abusait pas, car au bout de quelques minutes d'entretien, Sa Majesté la choisit pour confidente et lui fit part du malheur qui était près de s'abattre sur la famille honorable de Mademoiselle ***, dont la position très intéressante pour lui ne l'était guère pour la réputation de l'imprudente pécheresse.

— Marguerite, ajouta l'Empereur, je sais que vous avez le cœur bien placé, vous êtes aussi généreuse que belle ; j'ai compté sur vous pour nous retirer d'une aussi fâcheuse position.

— Sire, si je puis quelque chose, vous pouvez compter sur mon concours ; que désirez-vous ? Parlez, je suis à votre entière disposition.

— J'ai longuement songé à cette triste affaire ; il n'y a pas d'autre issue que votre dévoûment à mes intérêts. Il vous faudrait, Marguerite, accepter la maternité de cet enfant. Il vous est facile, vu nos rapports suffisamment établis, de vous déclarer en état de grossesse.
— Vous le simulerez, on fera voyager la mère réelle et lorsque le terme arrivera, vous accepterez son enfant, qui sera le vôtre pour le monde seulement.

C'est une propriété que je revendique et dont vous aurez l'administration à mes frais..... Je vous promets que je n'oublierai pas les épingles.

Cette combinaison vous agrée-t-elle ? Si oui, c'est une affaire conclue : dès aujourd'hui, vous êtes pour tout le monde, excepté pour moi, dans une position d'autant plus digne d'intérêt qu'elle donne une mère à mon enfant, légalement inconnu si votre affectueux consentement lui fait défaut.

— J'accepte, Sire, j'accepte pour vous être agréable ; il n'est pas de sacrifice qui me coûte, dès qu'il s'agit de votre tranquillité et de votre bonheur.

La sérénité revint sur le front impérial ; il pressa sur son cœur la complaisante bienfaitrice, et puis l'on prit des mesures efficaces.

Quelques mois après, un beau garçon était porté rue des Vignes, par le docteur Conneau, médecin particulier de l'Empereur. Mademoiselle Marguerite Bellanger faisait ses couches factices, et deux témoins s'empressaient de faire inscrire sur les registres de la mairie le nom d'un enfant mâle, Auguste Bellanger, né rue des Vignes, à Paris, de Mademoiselle sa mère et de père inconnu.

L'affaire marchait comme sur des roulettes; mais on avait compté sans la finesse d'une grande dame de la cour, dont les intrigues avaient réussi à découvrir quelque chose touchant cette clandestine naissance.

C'était une ancienne maîtresse de l'Empereur, dont les charmes surannés n'avaient pu réparer « des ans l'irréparable outrage », et qui gardait rancune au maître, malgré ses abandons d'autrefois.

L'Impératrice fut mise au courant; elle prit ses informations, car Madame avait aussi sa police secrète; mais elle ne put arriver qu'à une demi-révélation; ses agents, sans doute mal rétribués, ne surent dénouer entièrement le nœud gordien; leurs rapports lui donnèrent en définitive la conviction que Mademoiselle Bellanger était la véritable mère de son enfant et que le père inconnu n'était autre que l'Empereur.

Je laisse à penser la bourrasque qui précéda la tempête..... Tous les éléments se soulevaient à la fois, le ciel, la terre et la mer..... la mer surtout fut le dernier refuge de la femme légitime outragée par la concurrence d'un nouveau rejeton; elle n'y tint plus et Madame Eugénie alla transporter son courroux dans la verte terre d'Erin, plus connue dans la géographie moderne sous le nom d'Ecosse.

Pendant qu'elle livrait tous ses chagrins aux échos de ces fertiles montagnes, où elle trouvait d'ailleurs au milieu de ce peuple enchanté une hospitalité des plus triomphantes, l'Empereur cherchait un moyen de calmer l'ouragan. S'il n'avait pas le trident de Neptume à sa disposition pour assurer son *quos ego*, il lui restait un conseiller de la Cour de cassation qui s'appelait Devienne, dont l'intérêt particulier, dans cette question, n'a pas encore été historiquement constaté.

Il était pourtant bien facile de déterminer aux yeux de l'Impératrice la position de Mademoiselle Bellanger ; mais la question se déplaçait quant à la mère, elle restait toujours accablante pour l'attribution certaine du père inconnu. Toute la difficulté consistait à sauvegarder l'honneur de la véritable mère qui ne pouvait accepter ce titre, et à prouver en même temps que l'Empereur était tout-à-fait étranger à la naissance du fils de Mademoiselle Bellanger.

Ces deux conditions trouvèrent leur accomplissement dans une combinaison fort habilement conduite, en vertu de laquelle Mademoiselle Marguerite Bellanger, qui n'avait rien à craindre pour son honneur, conservait la maternité supposée, mais en dehors des œuvres de Sa Majesté.

Le consentement de Mademoiselle Bellanger devait aplanir toutes les difficultés, mais on craignait, non sans raison, des obstacles de sa part : avouer, en effet, une faute sans compensation, c'est un acte presque héroïque que l'intérêt seul peut faire adopter ; on savait dans un certain monde que le fils de Mademoiselle Marguerite avait pour père l'Empereur. La haute position sociale du père inspirait presque le pardon pour l'oubli de la mère, et lui attirait même un essaim de solliciteurs qui usaient du crédit qu'une maîtresse possède toujours sur les bonnes grâces de son amant... mais lui faire accepter une maternité coupable, aggravée par un aveu que l'Empereur avait été trompé, c'était une difficulté hors ligne que M. Devienne ne jugea pas au-dessus de son habile diplomatie.

Il vit donc la jeune mère : que se passa-t-il dans cet entretien qui ne dut pas manquer d'incidents ? Nous ne pouvons le dire encore parce que c'est un secret entre elle et le négociateur ; ce que nous savons, nous allons le dévoiler par les deux lettres que nous citons ici, et qui furent arrachées à la jeune femme, toujours dans l'intérêt de son illustre amant. C'était deux pièces de conviction pour ramener au domicile conjugal la fugitive Impératrice, et prouvant à sa jalouse susceptibilité que le fils de Marguerite Bellanger avait un autre père que l'Empereur.

Voici les deux lettres : la première est adressée à M. Devienne, la seconde à son impérial amant.

I°

« Monsieur Devienne,

» Vous m'avez demandé compte de mes relations avec l'Empereur, et quoiqu'il m'en coûte, je vais vous dire toute la vérité. Il est terrible d'avouer que je l'ai trompé, moi qui lui dois tout, mais il a tant fait pour moi que je vais tout vous dire. Je ne me suis pas accouchée à sept mois, mais bien à neuf. Dites-lui bien que je lui en demande pardon. J'ai, Monsieur, votre parole d'honneur que vous brûlerez cette lettre.

» Recevez, Monsieur, l'assurance de ma considération distinguée,

» M. Bellanger. »

II°

« Cher Seigneur,

» Je ne vous ai pas écrit depuis mon départ, craignant de vous contrarier; mais après la visite de M. Devienne, je crois devoir le faire, d'abord pour vous prier de ne pas me mépriser, car sans votre estime je ne sais ce que je deviendrai. Ensuite pour vous demander pardon; j'ai été coupable, c'est vrai : mais je vous assure que j'étais dans le doute. Dites-moi, cher Seigneur, s'il y a un moyen de racheter ma faute, je ne reculerai devant rien. Si toute une vie de dévoûment peut me rendre votre estime, la mienne vous appartient, et il n'est pas un sacrifice que vous me demandiez que je ne sois prête à accomplir.

» S'il faut, pour votre repos, que je m'exile dans l'étranger, dites un seul mot et je pars. Mon cœur est si pénétré de reconnaissance pour tout le bien que vous m'avez fait que souffrir pour vous ce serait encore du bonheur! Aussi la seule chose dont, à tout prix, je ne veux pas que vous doutiez, c'est de la sincérité et de la profondeur de mon amour pour vous. Aussi, je vous en supplie, répondez-moi quelques lignes; mon adresse est : Mademoiselle Bellanger, rue de Launay, commune de Villebernier près Saumur.

« En attendant votre réponse, cher Seigneur, recevez les adieux de votre toute dévouée, mais bien malheureuse

» MARGUERITE. »   (1)

La lettre à M. Devienne était un trésor entre les mains de Sa Majesté. En effet, l'enfant enregistré sous le nom de Mademoiselle Bellanger était né le 24 février 1864; or, Sa Majesté n'avait vu la mère à Vichy qu'au mois d'août 1863; lorsque donc celle-ci affirmait que l'enfant était venu à terme après neuf mois de gestation, elle désignait un autre père que l'Empereur, lequel n'avait pu avoir aucune espèce de rapport avec elle avant les sept mois écoulés jusqu'au jour de l'accouchement.

L'Impératrice, qui commençait à trouver le séjour de l'Écosse moins récréatif que celui des Tuileries, ne fut pas fâchée d'accepter ces explications, qui d'ailleurs étaient concluantes pour elle, vu sa conviction de la

---

(1) Ces deux lettres ont été trouvées, le 6 septembre 1870, dans le cabinet de l'Empereur, aux Tuileries; une enveloppe cachetée aux armes de l'Empire et portant pour suscription « lettres à garder » les renfermait. M. Devienne se trouvant gravement compromis a été traduit par décret du Gouvernement provisoire devant la Cour de Cassation pour s'être entremis dans une affaire scandaleuse. M. Devienne est à Bruxelles; il accepte ce jugement de la Cour de Cassation, il affirme avoir tenu un rôle honorable dans l'affaire de la négociation des lettres échangées entre Napoléon et Mademoiselle Bellanger. — *Note de l'éditeur.*

maternité réelle de Mademoiselle Bellanger ; elle revint auprès de son époux. Quelques mois plus tard, la présidence de la Cour de Cassation récompensa les services de M. Devienne.

Le château de Mouchy, avec de nombreuses dépendances, fut acheté par l'Empereur à Mademoiselle Bellanger pour son fils Auguste. Il coûta sept cent mille francs ; quatre cent mille seulement furent déclarés dans l'acte de vente. Sa Majesté, habituée à la fraude, trouvait ainsi le moyen de faire perdre quatorze mille francs au Trésor public.

La conscience humaine se révolte devant tant de cynisme, et l'on se demande si la justice divine est parfois endormie devant ces hommes dont la toute-puissante position leur permet de braver impunément les lois de la morale et de l'équité. Que de forçats gémissent dans les bas-fonds du bagne, et qui sont certainement moins criminels, parce que leur ignorance ou leur pauvreté plaide en faveur de leurs actions perverses (1) !

---

(1) Mlle Bellanger est morte à Cassel, au mois de novembre 1870 ; elle s'était empressée de se rendre auprès de son amant prisonnier : qui sait si sa mort ne cache pas un nouveau crime qui assure désormais sa discrétion ?

CHAPITRE V

LES ÉTONNEMENTS DE M. BENOÎT.

(Roman impérial.)

Les passe-temps consacrés à la galanterie n'absorbaient pas totalement les loisirs de Sa Majesté Napoléon III. Nous n'avons pas parlé jusqu'ici d'une passion particulière qui s'était emparée de son esprit, et qui l'avait porté à consacrer bien des heures à donner le jour à pas mal d'élucubrations. *Le Manuel d'artillerie*, *les Rêveries politiques*, *les Idées napoléoniennes*, etc., s'étaient élaborées en exil ou dans la prison. Plus tard, ce fut du trône impérial qu'il data son œuvre capitale, l'HISTOIRE DE JULES CÉSAR, qu'il avait composée avec une forte préoccupation de lui-même et de sa future dynastie. Plusieurs brochures apologétiques, émanées de son inspiration, présentèrent souvent les actes et les projets de l'Empire sous le jour qu'il convenait à César de leur donner.

Il est vrai qu'on n'est pas assez étranger aux choses de ce monde, pour ignorer comment écrivent ou parlent les Princes : leurs écrits ou leurs discours ne sont pas exclusivement leur ouvrage. Ils ont presque toujours des inspirations anonymes parmi les scribes ambitieux, frottés de cette littérature que la bohème des lettres appelle, je crois, LES TEINTURIERS.

Sa Majesté, qui ne dédaignait le concours d'aucune plume dévouée, s'adressa pour l'inspirer dans les travaux occasionnés par la *Vie de César* aux recherches consciencieuses d'un homme voué aux études historiques, et appartenant, depuis longtemps déjà, à la pléiade des historiens loués et recommandés par l'Université.

C'était M. Duruy, auteur de plusieurs livres d'histoire hautement appréciés dans les colléges et les lycées impériaux.

L'œuvre napoléonienne porta la marque d'une intelligente collaboration du savant.

La France y gagna un livre apologétique sur César, et l'Université un ministre-circulaire qui noircit beaucoup de papier, protégea pas mal de misérables, et se vanta de regarder en face les hommes noirs chantés par Béranger.

Après les œuvres sérieuses, Sa Majesté, toujours dans l'intérêt de la dynastie napoléonienne, s'arrêta à la littérature légère, purement de fantaisie, qui inspire la verve et l'imagination du romancier.

Un fascicule des papiers impériaux trouvés aux Tuileries renferme en ce genre un monument typique, non tant de la légèreté de son intelligence que de l'aveuglement de son esprit.

Dans ce plan de roman, dont le but, plus politique que littéraire, nous donne à cet égard la tendance de ses préoccupations, l'impérial auteur n'a pas visé sans doute à entrer en lutte avec les écrivains renommés, et nous pouvons être certain que M. Benoît, titre de son ouvrage encore informe, ne veut pas rivaliser avec M. de Camors.

L'Empereur, au reste, n'avait pas l'intention d'attacher son nom à cette élucubration de sa vieillesse ; il s'était contenté d'en écrire le canevas d'une main ferme e assurée; l'exécution de l'esquisse devait être confiée à quelque grand maître dans l'art d'écrire, dont la fertile imagination eût enrichi les détails, et fait accepter le fond par le mirage de la forme.

Ce n'est pas aux dieux à faire des marmites, dit un proverbe russe, et ce n'est pas à un Empereur de se préoccuper de ces détails de descriptions et de ces agréables plaisanteries, sous lesquelles les nouvellistes à la mode dissimulent souvent l'aridité de leurs informations. C'était assez pour lui de laisser dans le moule le résultat de ses rêveries ; il avait sous la main le personnage de carton qui devait en accepter la facile responsabilité.

Les étonnements de M. Benoît, titre de l'œuvre impériale, renferment l'apologie des institutions du second Empire. On le sait, l'apparition d'un livre émanant d'un homme occupant en France une haute position politique, cause toujours une grande émotion; le roman anonyme, dont l'origine eût été certainement accusée, aurait, quelle qu'en eût été la valeur littéraire, prodigieusement préoccupé les esprits, par les apparences de révélations dynastiques qui n'eussent pas manqué de lui donner une certaine autorité.

Cet imaginaire M. Benoît était dans l'esprit de l'Empereur un vulgaire bourgeois, ruiné dans ses affaires commerciales, sous le régime qui gouvernait la France en 1847. Dans l'espoir fondé de rétablir par son travail et son industrie sa fortune complètement détruite, il transportait ses pénates dans un des vastes districts ignorés de l'Amérique, où, après 19 ans de peines, il s'était procuré une position approchant de l'opulence. Le calme le plus absolu l'avait tenu complètement étranger aux divers changements qui s'étaient effectués, pendant ce long intervalle de temps, chez les hommes et les choses politiques de la France.

Pourquoi cette date de 1847? Evidemment dans le but de dégager le héros de certaines impressions qu'auraient dû produire sur son caractère honnête les machinations et les transactions dynastiques qu'accomplirent sans vergogne les hommes tarés de 1851.

Benoît cependant, malgré toute hypothèse, ne peut ignorer qu'après son départ précipité pour l'Amérique, un homme quelconque a été élu président de la République française ; que le 20 décembre, il a prêté un serment des plus solennels de maintenir la constitution.

Plus tard, lorsque de graves événements se passent, qui couronnent le parjure, M. Benoît est au loin, sur les bords enchantés du Mississipi, et par suite dans une heureuse ignorance des horreurs qui ont ensanglanté et bouleversé son pays. Son isolement dans les vastes solitudes du Nouveau-Monde a été si grand que lorsqu'il débarque à Brest, en 1868, son esprit est libre et dégagé de toute idée préconçue de parti. C'est un juge intègre qui n'est entraîné par l'influence d'aucune séduction ; c'est un innocent comme l'enfant qui vient de naître, apportant la candeur des peuples d'un autre hémisphère, dont les journaux d'opposition systématique n'ont jamais attaqué la virginité, en cherchant à corrompre l'honnêteté native. M. Rochefort et les disciples de ses doctrines avancées n'ont pas encore fait briller devant ses yeux les vives lueurs de sa lanterne, pour transformer les naturelles notions de son esprit.

On le voit, pour trouver une aussi belle âme, pour posséder un calme et une innocence pareille à celle qui inonde l'intelligence bienheureuse de M. Benoît, il faut être un Empereur, ou se reporter à Paul et Virginie.

Cependant, on doit bien le reconnaître, ce M. Benoît si pur et si candide, a bien entendu parler quelquefois de la France, là-bas, quand il méditait en sa solitude.

Aux bords du grand fleuve, on lui a bien dit que la France était un pays d'abrutis et de malheureux, traînant dans l'esclavage et la misère une vie sans gloire et sans nom. Il s'attend donc à retrouver son pays plongé dans le malheur ; mais, sans ajouter une foi irrésistible à toutes les lointaines accusations, il veut voir et juger par lui-même, et c'est dans ce but qu'il rentre dans sa patrie et débarque à Brest, où il s'empresse d'abord de mettre en sûreté une grande partie de sa nouvelle fortune.

Dès-lors, le héros du roman impérial n'est plus qu'un point d'interrogation, faisant un voyage en France, sous la direction de l'auteur, qui prend à cœur de lui montrer toutes les merveilles, et de s'en attribuer le mérite par la sagesse de ses institutions, et la féconde prodigalité de nos richesses.

Brest devient la première étape où s'ébahit le ressuscité.

— Quels sont ces vaisseaux si noirs et si mal conformés? demande M. Benoît.

Un matelot repasse sa chique et répond que c'est la flotte cuirassée de Sa Majesté l'Empereur Napoléon III. Le naïf M. Benoit s'extasie devant la chose et passe outre. Lui qui avait cru la France si misérable et si malheureuse n'a plus, dès ce moment, dans le cœur que des sentiments d'enthousiasme et d'admiration. Toutes les splendides institutions de l'Empire, l'organisme administratif, l'armement militaire, le socialisme des sociétés coopératives, le bien-être répandu dans toutes les classes, la douceur des mœurs et des habitudes, le parfait mécanisme du suffrage universel, tout cela, hommes et choses, passent devant ses yeux en un ravissant panorama et portent au comble son délire, lorsqu'il se met à examiner l'admirable réseau de nos chemins de fer.

Après tant de merveilles, M. Benoit se transporte à Paris, où il éprouve un véritable éblouissement. Il se croit dans les splendeurs de l'Olympe, au temps fortuné de l'âge d'or. Il ne voit que palais et maisons magnifiques rivalisant de luxe et d'élégance; le peuple est content, il est presque partout dans l'abondance : aussi pas la moindre trace d'émeute, pas de prisons pour des récalcitrants politiques; tout le monde est donc heureux et satisfait : la paix et la justice règnent partout, grâce à la sagesse d'un gouvernement modèle dont les institutions libérales condamnent la licence; et sur ce fond grandiose et réjouissant, M. Benoît voit se détacher la solennelle figure de l'Empereur, souriant à son peuple et tendant au monde entier qui le craint le pacifique rameau d'olivier.

Tel est le canevas conçu dans le cerveau de Napoléon III. Hélas! que dirait ce malheureux M. Benoît s'il fût resté deux ans de plus en Amérique? Que penserait-il s'il débarquait à Brest aujourd'hui, en novembre 1870? Quand il partit de France il y a 24 ans, il n'y avait pas encore d'Empereur, il n'y en a plus quand il arrive, et cependant il lui serait aisé d'entendre le peuple français attribuer tous les malheurs qui l'accablent à cette épouvantable personnalité qui a régné pendant cet espace de temps. Que penserait-il des turpitudes sans nombre que nos précédents récits ont fait connaître? Les étonnements de M. Benoît seraient bien autre chose, s'il avait vu les vandales du nord foulant aux pieds le cœur de la France, essayant de lui écraser la tête sous leur botte allemande, après avoir disloqué l'un après l'autre ses membres dispersés :

Metz, la pucelle déshonorée;

Strasbourg pleurant ses monuments et son opulence au milieu de ses ruines et de ses illustres morts;

Laon, jetant en signe de deuil immense les pierres de sa citadelle vers les cieux;

Verdun, Bitche, Schlestadt, mourant sans se rendre;

Soissons, Orléans, la ville de Jeanne-d'Arc, et tant d'autres grandes villes écrasées sous l'avalanche prussienne;

Versailles, le Panthéon des gloires de la France, devenu le repaire des Teutons et des vautours;

Paris, la cité universelle, mère adoptive de tous les hommes civilisés, Paris, la tête du monde et le cœur de la patrie, comprimé dans l'étreinte de fer formée par un million de barbares.

Alors peut-être, le M. Benoît impérial serait édifié sur les institutions de l'Empire. Il perdrait la tête devant ces splendeurs de carton et cette politique de honteuse débauche qui organisa l'expédition du Mexique, et les orgies de Compiègne et de Saint-Cloud.

Où est donc aujourd'hui ce Paris de l'Empire si gai et si brillant, ce paradis étincelant du demi-monde, avec son bois, ses bals, ses cancans, ses amours échevelés et sa musique d'Offenbach? Mais c'est un rêve. Quel spectacle! Paris est armé jusqu'aux dents; ses femmes et ses enfants sont debout derrière sa ceinture de fer et de feu. Ses hôtels sont des casernes, ses églises des ambulances et ses palais des arsenaux. Le peuple veut sa vengeance, et il l'aura certainement un jour!

En attendant, il serait à désirer que le malheureux auteur de tant de désastres employât les loisirs de Wilhelmshœhe à compléter le ridicule roman de M. Benoît, en lui faisant parcourir nos provinces ravagées, nos villages en feu, nos villes pressurées et sanglantes, et le conduire jusqu'à Sedan, où s'élèvera éternellement le monument de honte qui sert de piédestal au couronnement de l'œuvre impériale.

NOTE de la page 244 sur l'Histoire de César.

Savez-vous ce qui restera de cette fameuse *Histoire de César*, qui fit tant de bruit, il y a quelques années? Cela est vraiment bien curieux, et nous devons ce renseignement à M. Soury, ancien élève des chartes, qui a été chargé, avec beaucoup d'autres, de mettre en ordre les papiers de l'Empereur.

Ce qui restera, ce n'est pas le livre, que personne ne lit plus, que personne peut-être n'a jamais lu, sauf ceux qui étaient chargés d'en rendre compte au public : ce sont les matériaux dont son impérial auteur s'est servi pour le composer avec la collaboration Duruy et Comp^e.

Ces matériaux formeraient à eux seuls la matière d'au moins dix volumes : ce sont les mémoires, dissertations, études qui ont été adressés spontanément à l'historien de César ou qu'il a fait lui-même rédiger, pour son usage, par les philologues et les archéologues les plus éminents de l'Allemagne, de la France et de l'Italie.

Il paraît que les documents les plus précieux de cette collection sont les mémoires, dissertations et notes de MM. Léon Renier et Alfred Maury. Ils remplissent un grand nombre de cartons, que M. Soury a mis en ordre.

Les études topographiques fournissent un énorme contingent de dissertations savantes. On y trouve au milieu d'une infinie quantité de noms, ceux d'officiers distingués, comme MM. de Stoffel, Hamelin, Raffye, Schnœgaus, et, ce qui est plus singulier, celui de M. de Cohausen, major de l'armée prussienne.

On se rappelle encore de quel air de triomphe les journaux contèrent jadis comment l'Empereur avait enfin retrouvé le véritable emplacement d'Alisia, et tranché une question qui tenait depuis longtemps divisés les savants de l'univers. Napoléon l'avait retrouvée à peu près comme M. Guillaume, le marchand de *Maître Pathelin*, avait inventé la couleur de son drap en collaboration avec son teinturier.

M. Soury cite encore de remarquables monographies sur différentes armes dont se servaient les Romains, la fronde, l'arc, la lance, le casque, la cuirasse, le bouclier, le javelot, l'épée, et à la suite tout un catalogue de monnaies romaines et gauloises.

L'*Histoire de César* dormira, toute poudreuse, dans le silence et l'oubli des bibliothèques publiques. Mais les études d'où elle est sortie seront sans cesse consultées par tous ceux qui s'occupent de la Rome impériale. M. Soury, qui les a classés et catalogués, a demandé que ces cartons fussent déposés dans nos archives, et qu'on les y laissât à la curiosité des amateurs.

LIVRE VII

LE CHATIMENT.

CHAPITRE UNIQUE

SEDAN !

> « Quand Dieu veut détruire une chose, il en charge la chose elle même. Toutes les institutions mauvaises de ce monde finissent par le suicide.
>
> » Lorsqu'elles ont assez longtemps pesé sur les hommes, la Providence, comme le sultan à ses visirs, leur envoie le cordon par un muet ; elles l'exécutent : Louis Bonaparte est le muet de la Providence. »
>
> Victor Hugo. *Napoléon le Petit.*

Cette loi providentielle, toujours promulguée dans les fastes historiques et toujours aussi méconnue ou méprisée par les orgueilleux potentats qui gouvernent les empires, promet toujours comme sanction une chute ignominieuse à l'abus de la force et de la puissance.

On vient de lire dans ces récits palpitants de vérité quelques faits authentiques de la vie privée d'un homme qui a pressuré la France pendant un long règne de vingt ans, en vertu des indiscutables débauches d'un pouvoir personnel, et pour ainsi dire sans contrôle.

La France entière, bercée dans un indicible délire, sommeillait en son heureuse apathie, accueillait toutes ces orgies pour en rire, et s'endormait tranquille sous les couronnes de son apparente prospérité. Ces mœurs dissolues et grossièrement cyniques se sont, pour ainsi parler, acclimatées dans nos grandes cités, et il en est résulté cette France impériale, s'affirmant, par des grandeurs factices, dans le luxe des dépenses et les éphémères clinquants d'un gouvernement de décadence et sans base, dont les littérateurs chèrement achetés vantaient dans les feuilles périodiques les admirables institutions.

La France ainsi matérialisée s'est rendue impuissante à remplir sa mission civilisatrice. Mais la Providence n'avait pas dit son dernier mot; elle veillait sur les destinées d'un grand peuple, dont un imbécile despote arrêtait la normale expansion.

L'obstacle allait disparaître, et en s'effondrant il plongeait notre malheureux pays dans les horreurs et les épouvantables déchirements d'une guerre immorale, qui devait conduire notre généreuse nation à deux doigts de sa perte.

> La guerre, c'est la fin. O peuples, nous y sommes.
> Pour l'entendre sonner, je monte sur ma tour,
> Formidable angelus de ce grand point du jour,
> Dernière heure des rois, première heure des hommes !

Droits, progrès qu'on croyait éclipsés à jamais,
Liberté qu'invoquaient nos voix exténuées,
Vous surgissez ! Voici qu'à travers les nuées
    Reparaissent les grands sommets.

Nul moyen de sortir de la peau de César !
En guerre, faux lion ! ta crinière l'exige.
Voici le Rhin, voici l'Esler, voici l'Adige,
    Voici la fosse auprès du char !

Des révolutions nous revoyons les cîmes ;
Vieux monde du passé, marche ! Allons, c'est la loi.
L'ange au glaive de feu, debout derrière toi,
    Te met l'épée aux reins et te pousse aux abîmes ! (1)

Jupiter quos perdere vult dementat, disaient les anciens : Jupiter enivre de démence ceux qu'il a résolu de perdre. La démence, hélas ! il faut le reconnaître, est partout, dans les conseils et dans les actes qui ont amené cette horrible tuerie, où tout apparaît anormal sous l'inspiration du plus incroyable chaos.

L'armée française, dont les drapeaux toujours victorieux ont frappé d'étonnement le monde épouvanté, l'armée française toujours à la tête de nobles et grandes idées, avant-garde de l'honneur et de la civilisation, l'armée française râle dans les cachots de la captivité ; elle s'est fondue sous l'action dissolvante de la corruption et de l'incapacité de son chef. Les aînés ont disparu de la scène, glorieux débris d'un âge héroïque, toujours

---

(1) VICTOR HUGO. *Châtiments.*

énergiques et grands; ils ont été emportés par une effroyable tempête dans un gouffre de fer où les a précipités un homme puissant qui leur avait confié sa défense.

L'insensé! dans le délire de son orgueil, il avait demandé la sanction populaire pour amnistier une seconde fois ses criminels attentats; il s'était dit : Je suis le maître invincible; qui donc oserait me résister? Cette France que j'ai faite mienne en me l'assimilant, je vais la faire tressaillir dans les glorieux hasards des batailles; je vais l'étourdir par de nouveaux triomphes qui coûtent du sang. Mais qu'importe le sang lorsqu'il s'agit de consolider mon trône qui s'écroule et d'établir sur des bases inébranlables ma chancelante dynastie? Marche, peuple français, donne-moi ton or et tes enfants généreux; les nobles destinées qui m'ont été promises vont désormais s'établir éternellement.

Mais qu'ai-je entendu? Quelle est cette voix tonnante qui vient de retentir à Sedan? Quelles sont ces hordes innombrables de Huns, qui, à heure fixe et au jour arrêté d'avance, se trouvent au rendez-vous, comme les pièces stupides et aveugles d'une machine immense, et entourent d'un cercle infranchissable de mitraille et de fer cette valeureuse armée française qui n'a plus rien à faire qu'à mourir avec désespoir, ou bien à passer sombre et meurtrie sous de nouvelles fourches caudines!

Sedan, nom désormais sinistre en France, restera pour la postérité, afin de fixer à tout jamais au pilori de l'histoire le dernier acte politique de l'homme qui s'appela Napoléon III.

Plus néfaste mille fois pour notre patrie que la bataille de Waterloo, la capitulation de Sedan apprendra au monde qu'il y a une justice providentielle qui sait frapper à temps les grands criminels.

Toutes les grandeurs du premier empire sont tombées dans la poussière soulevée par la grande commotion de Waterloo ; les petitesses dorées du second empire se sont englouties dans la honte, et disparaissent à tout jamais dans l'immense et irréparable catastrophe de Sedan.

Il y eut à Waterloo bien autre chose qu'un capitaine incapable et dont la vieillesse avait paralysé le courage ; il y eut un homme extraordinaire, un guerrier qui avait tout prévu, mais que tout son génie ne put sauver des conséquences de ses fautes politiques ; il y eut un géant qui voulut lutter et qui lutta contre la force des choses.

Le génie, impuissant contre la raison méconnue, est un spectacle bien autrement moral qu'un capitaine orgueilleux et inhabile qui commet des fautes de métier.

Le premier reçoit en tombant une leçon donnée par l'oubli des lois morales, le second s'anéantit dans la fange où l'a précipité sa superbe incapacité.

FIN.